VERENA
LUGERT

NERVEN
NAHRUNG

Gerichte und ihre Geschichten, die einfach
glücklich machen. Das Kolumnenbuch.

Fotos von Helga Lugert

Verena Lugerts Buch „Die Irren mit dem Messer", in dem sie ihre Erfahrung in Gordon Ramsays Sterneküche schildert, hat mich sehr berührt. Die Köchin und Autorin hat sich hineinbegeben in dieses Irrenhaus und schildert perfekt den Wahnsinn in der Haute Cuisine, in der man täglich durch die Hölle geht. Kein anderes Buch hat es geschafft, mich gefühlsmäßig dermaßen in meine Zeit in der „Aubergine" bei Eckart Witzigmann zurückzukatapultieren, ich hatte beim Lesen Tränen in den Augen. Und mich ganz kurz zurückgewünscht in diese Welt, die ich nach 30 Jahren bewusst verlassen habe. Nach kurzer Nostalgie weiß ich aber gleich wieder, warum ich gegangen bin: um ganz ohne Sterne und Hauben mein Glück zu finden. Denn dieses fanatische Streben nach Perfektion, das kann es doch nicht sein. Es geht nicht darum, 25 Komponenten auf dem Teller zu haben. Sondern um Genuss!

UM ESSEN, DAS JEDER KOCHEN KANN, UM GERICHTE, DIE GLÜCKLICH MACHEN. DENN GLÜCK LIEGT VIEL WENIGER IN DER PERFEKTION ALS IM FREUDVOLLEN SELBERKOCHEN.

Und genau darum geht es auch in „Nervennahrung": Verena Lugerts neues Koch- und Lesebuch, das aus ihrer täglichen Kolumne auf „Spiegel.de" entstanden ist und im Corona-Lockdown vielen Menschen den Spaß am Kochen nahegebracht hat. Ein Buch mit Wohlfühlgeschichten und -gerichten, Nahrung für Leib und Seele, echtem Nervenfutter. Rezepte fürs Gemüt und den Genuss.

Roland Trettl

2

2 — VORWORT

4 — EINLEITUNG

15 — HERZHAFTES
FÜR DEN HUNGER

77 — NUDELIGES
FÜR DIE NERVEN

99 — GEMÜSE
FÜRS GEMÜT

149 — SÜSSES
FÜR DIE SEELE

182 — REGISTER

184 — IMPRESSUM

ES WAR ENDE MÄRZ, IN DER HOCH-ZEIT DES CORONA-LOCKDOWNS, ALS DER ANRUF VON SPIEGEL.DE KAM.

ICH WAR KURZ VORHER noch dabei gewesen, in Hamburg meine kleine Experimentierküche einzurichten, ich wollte sie im Mai eröffnen, das Küchenaufmaß stand, ich hatte ein kleines Ladenlokal angemietet, in dem vor über hundert Jahren ein Fischladen gewesen war. Die Fliesen zeugten noch davon: Riesige Hummer schmückten die alten Wände, die in Smaragdgrün und Perlmutt leuchteten, auch die ausgesuchte Küche würde in einem Grünton sein, einer schimmernden Mischung aus Salbei- und Lindgrün. Ich wollte dort Rezepte entwickeln, meine Tastings stattfinden lassen und in kleinem Rahmen Koch- und Gewürz-kurse geben. Ich hatte in den Monaten vorher das große Glück gehabt, für die Lebensmittelindustrie eine neue Marke mitentwi-ckeln zu dürfen, nach toll verlaufenen Tests in Österreich war das Produkt bereits dort in den Supermärkten gelistet und sollte in den kommenden Wochen in den deutschen Markt eingeführt werden. Ich war in der Zeit wie elektrisiert. Und weil mir alles, was mit dem Entwickeln zu tun hatte, eine so große Freude gemacht hat, hatte ich beschlossen, nun wirklich Ernst zu machen und meine

schon so lange geplante Versuchsküche zu starten. Der Laden war gemietet, die Küche geplant, das Konzept stand und hatte einen Namen, „I ❤ Food". Ich liebte den Namen und das Herz darin, es drückte genau das aus, was ich für das Kochen und Essen empfand: große Liebe.

Diese Liebe hatte mich vor ein paar Jahren meinen erlernten Beruf als Reportage-

Journalistin für Magazine wie „Geo", „Stern", „Merian" und „Die Zeit" aufgeben lassen, denn mit den Jahren war der Wunsch, Köchin zu werden, immer größer geworden. Ich hatte ihn immer aufgeschoben, wusste aber mit Ende dreißig, dass ich es nun einfach tun musste. Ich gab mein Leben in Hamburg auf, zog nach London und schrieb mich an der geschichtsträchtigen Kochschule Le Cordon Bleu ein. An der wurde ein Intensivkurs angeboten, der die Kocheleven in weniger als einem Jahr (mit Unterricht bis in die Nacht und an den Wochenenden) zum begehrten Diplom bringen sollte, das von der britischen Industrie- und Handelskammer wie ein Gesellenbrief anerkannt war.

ICH KÄMPFTE MICH DURCH DIE AUSBILDUNG UND FAND DANACH EINE STELLE ALS KÖCHIN IN EINEM RESTAURANT DES CELEBRITY-KOCHES GORDON RAMSAY, IN DEM SICH MIR VOLLKOMMEN NEUES ERÖFFNETE: EINE WELT FÜR SICH, ERFÜLLT MIT SCHÖNHEIT, GESCHMACK UND HÖCHSTEM KÖNNEN.

Aber auch ein Arbeiten bis zur Erschöpfung in 16-Stunden-Schichten und eine Besessenheit im Streben nach Perfektion, dem in der Spitzengastronomie alles andere untergeordnet wird. Diese Zeit war eine der verrücktesten, intensivsten und trotz aller Plackerei schönsten in meinem Leben, die aber nach gut einem Jahr durch einen Bandscheibenvorfall ein jähes Ende fand, was mir fast das Herz brach.

Zurück in Deutschland, wandte ich mich wieder dem Schreiben zu, nun aber ausschließlich dem kulinarischen, unterbrochen von einer viermonatigen Hospitanz in der Experimentierküche von Heston Blumenthal, dem englischen Kochsuperstar, der mit Hypnotiseuren, Parfümeuren und Experimental-Psychologen der Uni Oxford zusammenarbeitet – und bei seinen Kreationen auch Schokoladendrucker und Virtuelle Realität einsetzt. Oder das Meeresrauschen als Geschmacksverstärker bemüht. Sonic seasoning nennt er dies.

Danach schrieb ich weiter für Foodmagazine, reiste, interviewte Dreisterneköche, Kochphilosophen und Food-Psychologen und durfte einige meiner ganz großen Idole treffen. Und ich schrieb ein Buch über meine Zeit in der Sternegastronomie.

DOCH ICH WUSSTE: EIGENTLICH WILL ICH KOCHEN, NICHT AUSSCHLIESSLICH DARÜBER SCHREIBEN. ICH WOLLTE REZEPTE ENTWICKELN, NEUE KOMBINATIONEN AUSLOTEN, EXPERIMENTIEREN, GERICHTE ERFINDEN.

Es kamen die ersten Aufträge, dann eben dieser wunderschöne, große, bei dem eine ganz neue Marke aus der Taufe gehoben werden sollte … Ich stand Anfang 2020 also in den Startlöchern. Und dann kam Corona.

Ich hatte, als Mitte März klar war, dass
der Lockdown anstand, in Hamburg mein
noch leeres Ladenlokal abgeschlossen und
ratlos, ängstlich und traurig den Zug nach
Augsburg bestiegen, um in dieser vollkommen unwägbaren Zeit bei meinen Eltern zu
sein, ich wusste ja nicht, ob man in den fol-
genden Wochen und Monaten überhaupt
noch Bahnfahren konnte. Wie alle anderen
saß ich dann in diesem Angstglockenfrüh-
ling zu Hause. Ich aß nervenberuhigende
Gummibären im Akkord, schaute Nach-
richten, klickte mich durchs Netz und sah
der Kurve bei ihrem steilen Anstieg zu. Bis
eben jener Anruf von „Spiegel.de" kam. Ob
ich mir vorstellen könnte, täglich eine Art
Lockdown-Rezept zu veröffentlichen? Für

ein wirklich, wirklich einfaches Gericht, das schnell und aufwands-
frei nachkochbar wäre, ohne Zutatenschnickschnack, niemandem
wäre gerade danach, für ein paar frische Korianderblätter das Haus
zu verlassen. Vor allem Eltern wären in dieser Zeit überfordert und
jonglierten verzweifelt mit den Anforderungen Homeoffice und
Kinderbetreuung – und der Tatsache, dass statt Betriebskantine
und Kita-Mittagessen nun als weiterer Punkt Selberkochen auf
dem Zettel stand. Ich sagte Ja.

**UND FAND MICH JÄH IN EINEM FEUER-
STURM WIEDER, IM KOMMENTARFELD,
DAS SICH UNTER JEDEM ARTIKEL AUF
SPIEGEL.DE BEFAND. VIEL ZU LEICHTE
REZEPTE, SAGTEN DIE EINEN. ZU VIELE
ZUTATEN, SAGTEN DIE ANDEREN.**

Und die Fotos! Mein Brathähnchen wurde als Brandopfer bezeichnet. Es war perfekt knusprig, als es aus dem Ofen kam. Aber
ohne Extralicht, mit meiner uralten Handykamera fotografiert und
vollkommen unbearbeitet, sahen die Sachen tatsächlich auf meinen
Bildern deutlich weniger appetitlich aus als in echt.
Ich war verzweifelt und hätte beinahe das Handtuch geworfen – da
trat meine Schwester auf den Plan: Sie übernahm das Fotografieren
und suchte auf Dachböden, in Gartenschuppen und Kellern von
Tanten und Eltern nach Geschirr, Stoffen und Hintergründen für
die Bilder. Man konnte ja nichts kaufen, alle Geschäfte waren im
Lockdown geschlossen, außer den Apotheken und Supermärkten
war alles zu. Die Lieferungen bei Amazon dauerten statt ein paar

Tagen auf einmal bis zu drei Wochen. Für besseres Licht bastelte meine Schwester einen Reflektor aus einem Tablett, das sie mit Alufolie umwickelt hatte. Diesen Reflektor, der das Tageslicht einfing und auf den Teller warf, hielt ich dann mit ausgestreckten Armen, während meine Schwester fotografierte.

UND DIE GERICHTE BEGANNEN ZU LEUCHTEN. „DIE FOTOS WERDEN BESSER, FRAU LUGERT!", HIESS ES NUN IN DEN KOMMENTAREN.

Und es mehrten sich die unheimlich freundlichen und dankbaren Posts, die beschrieben, wie viele Menschen jeden Tag auf die Kolumne warteten, weil das tägliche Kochen sie beruhigte, ihren Tag strukturierte und ihnen Freude schenkte. So ging es durch den Lockdown. Und als Ende Mai eine zögerliche Normalität eingesetzt hatte, waren meine Schwester und ich so drin im Kochen und Fotografieren, dass wir freudig das Angebot vom „Spiegel" annahmen, unsere aus der Not geborenen Lockdown-Rezepte als wöchentliche Foodkolumne weiterzuführen. Mit Gerichten, die toll schmeckten und, auch wenn die Zutatenliste nun etwas länger sein durfte, immer noch einfach waren.
Einfachheit und Freude. Genau darum geht es für mich: Kochen soll keinen Stress machen, sondern froh. Denn Essen bedeutet für mich Glück – und im besten Fall Liebe ❤.

Verena Lugert

WER KRAFTLOS, MÜDE UND HUNGRIG IST, DEM IST MIT HERZHAFTEM GEDIENT: BRATHÄHNCHEN UND KÖNIGSBERGER KLOPSEN, WARMWÜRZIGER CHICKEN TIKKA, SPANISCHEN FLEISCH-BÄLLCHEN – GERICHTE, DIE AUFRICHTEN!

HERZHAFTES FÜR DEN HUNGER

ALBÓNDIGAS
SPANISCHE
— FLEISCHKLÖSSCHEN

ICH WAR ZWANZIG, war eigentlich voller Vorfreude in Valencia, in Spanien, angekommen, um mein Auslands-Uni-Jahr zu beginnen. Aber, aber: Was sonst unkompliziert sein dürfte, zog auf einmal einen ganzen Rattenschwanz von Problemen hinter sich her. Dass während des Tagesausflugs nach Barcelona mein kleiner Rucksack abhanden gekommen war, in dem alle Ausweise und Studiennachweise steckten, trug nicht zur Entspannung bei. Es war alles wie verhext – und mein Spanisch war schlecht. Meine beste Freundin war aus Deutschland mitgekommen für die erste Zeit. Der Plan war, möglichst schnell eine Wohnung zu finden – und dann: Spanien, Sonne, Strand! Doch nichts gelang, schon gar nicht das Finden einer Wohnung. Wir marschierten Tag für Tag frustrierter an die Uni, rissen WG- und Wohnungszettel ab. Ein Termin nach dem anderen verlief unerfreulich. Wir schliefen jede Nacht in dieser billigen Pension am Bahnhof, in der mir schon am ersten Abend mein neuer Laptop auf dem

Fliesenboden zerschellt war. Von Urlaub war keine Rede. Aber die Pensionskosten schossen in die Höhe. Und Geld hatten wir wenig.

AN EINEM ABEND SASSEN WIR WIEDER MAL ENTTÄUSCHT IN EINER BILLIGEN TAPASBAR. ICH BESTELLTE VON DER KARTE, OHNE ZU WISSEN, WAS WAS WAR: CARACOLES. ALBÓNDIGAS. DANN KAMEN SIE. ACH, CARACOL HEISST ALSO SCHNECKE.

Ich langte gefasst zu, obwohl mir schon ganz anders war. Meine Freundin streikte jedoch. Aber dann kamen die Albóndigas. Fleischbällchen, warm, angebraten, rund, mildwürzig, freundlich Zuversicht verströmend, in ihre leuchtend rote, fruchtig-süße Tomatensoße tunkten wir das Brot. Und irgendwie war ab diesem Moment alles wieder gut. Am nächsten Tag fand ich meine Traum-WG. Und was ich damals noch nicht wusste: Das beste Jahr meines Lebens begann.

ALBÓNDIGAS — SPANISCHE FLEISCHKLÖSSCHEN

(FÜR 4 PERSONEN)
2 EL Paniermehl oder geriebenes Weißbrot
2 EL Milch
1 Zwiebel
3–4 EL Olivenöl
500 g Hackfleisch, am besten halb Schwein und halb Kalb
1 Eigelb

frische oder getrocknete Kräuter, wie Thymian, Majoran, Oregano
Salz
Pfeffer
1 EL Tomatenmark
½ Paprika
1 Dose stückige Tomaten
1 Knoblauchzehe
1 Handvoll frische Petersilie

1. Das Paniermehl in der Milch einweichen lassen. Zwiebel hacken, in einer Pfanne in etwas Olivenöl sanft anbraten. Die Hälfe der Zwiebeln in eine Schüssel geben, die andere Hälfte für die Tomatensoße in der Pfanne lassen.

2. Zu den Zwiebeln in der Schüssel Fleisch, Eigelb, das ausgedrückte Paniermehl und frische (3 EL) oder getrocknete (1 EL) Kräuter geben. Salzen, pfeffern. Gut vermengen.

3. Aus der Fleischmasse kleine Bällchen formen, in Olivenöl bei geringer Hitze anbraten, die Bällchen sollen weich bleiben.In der Zwischenzeit die Pfanne mit den restlichen Zwiebeln wieder auf die Flamme stellen. Mit etwas Olivenöl und dem Tomatenmark einkochen lassen. In Würfel geschnittene Paprika zugeben, leicht dünsten lassen. Dann kommen die stückigen Tomaten dazu.

4. Knoblauch pressen oder sehr klein schneiden, ebenfalls zugeben. **Wer mag (und wenn keine Kinder mitessen), fügt einen Schuss Weißwein hinzu.** Mit frischen (2 EL) oder getrockneten (1/2 EL) Kräutern würzen, einköcheln lassen. Salzen, pfeffern. Zum Schluss frische, grob gehackte Petersilie zur Soße geben.

5. Die Soße vorsichtig mit den Albóndigas vermengen. Frisches Weißbrot wie Baguette dazu reichen. Das Brot nicht schneiden, sondern mit den Händen reißen und in die Soße tunken.

MODERNES
— BEEF
WELLINGTON

GERICHTE WIE DAS BERÜHMTE Beef Wellington sind Showstars, Glanzstücke mancher Festtagstafeln. Das traditionelle Beef Wellington ist ein Rinderfilet, umhüllt von einer Cognac-Champignon-Farce, belegt mit Foie gras, auf der Trüffelscheiben thronen. Das Ganze wiederum umhüllt von Crêpes, papierdünnen Kräuterpfannkuchen. Und noch einmal von Blätterteig umfangen. Beef Wellington liebten und lieben die Briten wie auch die Amerikaner, bei denen es in den 1960er-Jahren als regelrechtes Statusgericht in Mode kam:

DAS SNOBISTISCHE BEEF WELLINGTON VERSTRÖMTE EUROPÄISCHE KULTUR, GEDIEGENHEIT UND BONVIVANTENTUM. DIE SERIE „MAD MEN" ERINNERT AN DIE AURA DIESER ZEIT, WENN SICH DIE WERBE-LEBEMÄNNER BEIM STELLDICHEIN BEEF WELLINGTON AUFS HOTELZIMMER BESTELLEN. AUCH IM WEISSEN HAUS WURDE ES OFT SERVIERT, KENNEDY UND NIXON WAREN FANS.

Ich kann mich noch erinnern, wie wir den Blätterteig in der Kochschule gefaltet haben, wieder und wieder, die Butter einbrachten, ihn ruhen ließen, wieder falteten. Wie wir die Pilze für die Duxelles, wie man die Pilzfarce nennt, von Hand winzig klein geschnitten haben. Und die gusseisernen Pfännchen mit Salz ausbrannten, damit die Crêpes so hauchdünn wurden und nicht anklebten. Wie wir dann Kilos kostbaren Rinderfilets in all die Köstlichkeiten wickelten: Duxelles, Foie gras, Trüffel, Crêpes und Blätterteig. Es schmeckte herrlich, sündhaft, opulent – und war in seinem Überschwang jedoch auch ein wenig aus der Zeit gefallen. Deshalb machen wir ein radikal verschlanktes Beef Wellington, das mir aber noch besser schmeckt als die Originalversion. Einfacher, von aller dekadenter Last befreit und leichter – aber trotzdem mit großer Raffinesse. Unser Filet Wellington kommt mit deutlich weniger Fleisch aus, was Geldbeutel und Umwelt schont, außerdem ist die Garzeit beim kleineren Stück Fleisch leichter einzuschätzen, und man braucht nicht einmal ein Fleischthermometer. Wir nehmen TK-Blätterteig, lassen Foie gras und Trüffel weg und ersetzen die Crêpes durch Parmaschinken. Und haben schwuppdiwupp ein modernes Festgericht. Einen Showstar mit echtem Glamour, aber ohne Allüren.

MODERNES
— BEEF
WELLINGTON

(FÜR 4 PERSONEN)
**400 g Rinderfilet, am bes-
ten vom Mittelstück (auch
Chateaubriand genannt),
weil es die gleichmäßigste
Dicke hat**

Salz
weißer Pfeffer
2 EL Butterschmalz
1 Schalotte
**5 frische Thymianzweige
oder 1,5 EL getrockneter
Thymian**

400 g Champignons
100 g Parmaschinken
1 Eigelb
1 EL Milch
ca. 250 g Blätterteig

1. Fleisch salzen, pfeffern, dann mit Küchengarn in Form binden, das macht man normalerweise mit einem Metzgerknoten, Sie können es aber auch ganz frei machen, Hauptsache, es hält. In einer heißen Pfanne mit 1 EL Butterschmalz das Filet von allen Seiten kurz scharf anbraten, es soll außen schön gebräunt, innen aber noch roh sein. Fleisch aus der Pfanne nehmen, Pfanne mit dem Bratensatz des Filets zur Seite stellen, wir brauchen sie für die Pilze.

2. Schalotte würfeln, Thymianblättchen abzupfen. Pilze säubern, vierteln, nach und nach in einem Blitzhacker oder einer Küchenmaschine zerhäckseln. **Die Pilze dürfen auf keinen Fall püriert werden.**

3. Restliches Butterschmalz in die Filetpfanne geben, Schalotten kurz dünsten, Pilze und Thymian zugeben. Salzen, pfeffern. Wer mag, gibt etwas Wein hinzu. Rühren, bis die Flüssigkeit verdampft ist und die Duxelles eine weiche, pastenhafte Konsistenz hat und nicht zu feucht ist, sonst weicht sie später den Blätterteig auf.

4. Jetzt wickeln wir das Filet ein. Dafür ein entsprechend großes Stück Frischhaltefolie auf die Arbeitsplatte legen, mit Parmaschinken leicht überlappend auslegen, an den Rändern etwas Folie frei lassen. Parmaschinken gleichmäßig mit der Duxelles bestreichen, Küchengarn vom Filet entfernen, Filet mittig auf die Duxelles legen. Jetzt mithilfe der Frischhaltefolie das Filet in das Schinken-Duxelles-Rechteck einrollen. Fest rollen. Mit einer zweiten Lage Frischhaltefolie noch fester wickeln, die Enden der Folie straff verknoten oder mit Küchengarn zusammenbinden, kühl stellen.

5. Eigelb mit Milch verquirlen. Blätterteig mitteldünn zu einem Rechteck ausrollen, angepasst an die Größe Ihres Filets. Blätterteig mit Eiermilch einpinseln, Frischhaltefolie vom Filet entfernen und Filet vorsichtig in den Blätterteig einschlagen, die Enden sollen leicht überlappen. Das Blätterteigpaket auf ein Stück Backpapier setzen, mit der restlichen Eiermilch bepinseln und mit Blättern und Blüten aus dem übrigen Teig verzieren. Auch die Verzierung einpinseln. In die Mitte ein kleines Loch schneiden, daraus kann während des Backens Dampf entweichen. **Wer mag, rollt aus Backpapier einen kleinen Kamin.** Blätterteigpaket 30 Minuten kühlen.

6. Ofen auf 200 Grad Umluft vorheizen. Das Backblech muss sehr heiß sein. Paket auf das Blech setzen. Das Beef Wellington ist fertig, wenn der Blätterteig rundum goldbraun ist, etwa nach 20 Minuten, oder bei Einsatz eines Fleischthermometers eine Kerntemperatur von 40 Grad erreicht ist. **Das Filet gart beim Ruhen nach, die Umhüllung staut die Hitze.** Je nach gewünschtem Gargrad 5–8 Minuten ruhen lassen, mit einem Sägemesser vorsichtig aufschneiden.

JIM'S JAMAICAN — JERK CHICKEN

UND SCHON WAREN WIR nicht mehr in unserer engen Küche im verregneten London, in unserem Edelstahlraumschiff, zwischen Jakobsmuschel und Schweinskopf, sondern fühlten uns direkt in die Karibik gebeamt. Damyan, der Koch aus Bulgarien, stimmte Reggae-Tunes an, sang „Stir it up, little darling", ein Lied, das Bob Marley für seinen Koch geschrieben haben soll, so das Gerücht in vielen Küchen. Ich sog mit geschlossenen Augen den Duft ein, der gerade aus dem Ofen drang, und meinte, feinen weißen Sand unter meinen Küchenschuhen zu spüren. Jim hatte für uns wieder sein Jamaican Jerk Chicken gemacht. Es ist ein Rezept, das an den trübsten Tagen für Partystimmung sorgt. Jim war nur ein paar Wochen bei uns in der Küche, er arbeitete eigentlich in einem anderen Sternerestaurant von Gordon Ramsay, auch in London. Aber weil wir in dieser Zeit so wenig Köche hatten, sprang er bei uns ein. Jim kam aus Jamaica, er war früher Tänzer gewesen. Er war ein begnadeter Koch. Seine Großmutter, bei der er aufgewachsen war, hatte ihm die Liebe zum Essen vermittelt. Sein großer Traum war, einmal ein eigenes Restaurant zu eröffnen. „One day", sagte er, „one day I will open the best Jamaican restaurant in the whole of London!" Und wenn ich beglückt sein Jamaican Jerk Chicken aß und mir wünschte, dass unsere Personalpause ewig ginge, glaubte ich es ihm aufs Wort: Die scharfen, würzigen Hähnchenkeulen, die er schon morgens in wenigen Minuten für uns mariniert hatte und dann am Nachmittag nur noch in den Ofen

schob, waren so unglaublich gut, dass man nicht mehr aufhören wollte zu essen.

JIMS CHICKEN WAR EIN REZEPT SEINER OMA AUS KINGSTON. JIM HATTE ES MIR GEGEBEN, ALS ER UNS WIEDER VERLIESS, AUF EIN ABGERISSENES STÜCK BACKPAPIER GESCHRIEBEN. WIR HABEN JIM UNGLAUB- LICH VERMISST. ABER MIR BLIEB VON IHM ZUMINDEST DAS HÄHNCHEN.

Das Jamaican Jerk Chicken ist eines der einfachsten Rezepte, das ich kenne: Man püriert die Zutaten für die Würzmarinade, lässt die Hähnchenschenkel darin ziehen und schiebt sie dann in den Ofen. Arbeitsaufwand: weniger als 5 Minuten. Und das Beste: Fast alle Gewürze haben viele von uns ohnehin im Vorratsschrank. Pfeffer, Muskatnuss, Zimt, Piment. Auch Ingwer und Sojasoße haben einige daheim. Wer keine Limetten kaufen will, ersetzt sie durch Zitronen. Und wer die Jerk-Chicken-Keulen nicht in den Back- ofen, sondern auf den Grill packt, wird noch einmal eine Runde begeisterter sein …

JIM'S JAMAICAN — JERK CHICKEN

(FÜR 4 PERSONEN)
6–8 Hähnchenkeulen, je nach Größe der Keulen und Appetit der Essenden
3 rote Chilischoten, die kleinen scharfen
3 Frühlingszwiebeln
3 Knoblauchzehen
daumengroßes Stück Ingwer

2 EL brauner Zucker
Saft von 2 Limetten
3 EL Sojasoße
Blätter von 3–4 frischen Thymianzweigen (wunderbar, wenn es frischen gibt), ansonsten 1 TL getrockneter Thymian

½ TL gemahlenen Zimt
½ TL gemahlenes Piment
½ TL gemahlene Muskatnuss
½ TL gemahlenen schwarzer Pfeffer
3 Limetten, in Spalten geschnitten, für die Garnitur

1. Hähnchenkeulen mit Küchenpapier abtupfen. Alle Zutaten, außer den Keulen und den Limettenspalten für die Garnitur, im Blitzhacker oder mit dem Pürierstab zu einer dickflüssigen, fast pastenartigen Marinade pürieren. Probieren, ob sie salzig genug ist, sonst mehr Sojaoße hinzufügen. Die Hähnchen damit marinieren, mindestens 3 Stunden, gerne über Nacht.
2. Ofen auf 180 Grad Ober- und Unterhitze vorheizen. Blech mit Backpapier auslegen, Hähnchenkeulen darauf verteilen, in den Ofen schieben.
3. Nach 30 Minuten die Keulen wenden, im Ofen goldbraun und knusprig werden lassen. Die Keulen zwischendurch immer wieder mit dem Rest der Marinade bepinseln. Nach weiteren 15–30 Minuten, je nach Größe der Stücke, kurz testen, ob sie gar sind. **Die Temperatur gegen Ende der Garzeit auf 220 Grad erhöhen, damit die Keulen richtig kross werden.**
4. Mit Limettenspalten servieren, dazu passt Reis oder frisches Baguette – und eine Salsa aus Mango oder Ananas, Chili, Limettensaft, Knoblauch und Koriander.

KÖNIGSBERGER
— KLOPSE

KÖNIGSBERGER KLOPSE, diese weichen, weißen Kalb-
fleischklößchen mit der Samtsoße aus Butter, Kalbsfond, Mehl
und Sahne, dazu eine Spur Zitrone und die Säure der zartherben
Kapern – köstlich! Doch da ist noch etwas, ein Geschmack, der
ganz tief in den Bällchen steckt, verhalten, aber wahrnehmbar, der
sie viel intensiver, herzhafter, irritierend dichter schmecken lässt,
als man dies vom milden Kalbfleisch kennt. In den Königsberger
Klopsen steckt ein Geschmack, den man kaum zuordnen kann:
Nicht salzig, nicht süß, nicht bitter, nicht sauer – was ist es, das
diese runde Fleischigkeit, diesen ganz eigenen Charakter in die
Klößchen bringt?
Es ist Umami, der fünfte Geschmack, hervorgerufen durch Glutaminsäure, die freigesetzt wird aus dem einen, winzigen fermentier-
ten Sardellenfilet, das im Klopsteig steckt und ein solches Charisma
entfaltet.

GLUTAMINSÄURE KANNTEN SCHON DIE ALTEN RÖMER. SIE LIEBTEN IHR GARUM, „DAS EDLE, DIE KOSTBARE GABE", DIESE ESSENZ AUS VERGORENEM FISCH.

Eine winzige Menge nur, und den Gourmets in Toga und Sandalen
stand die Verzückung ins Gesicht geschrieben, kaum ein römischer
Koch kam ohne sein Garumamphörchen aus, der reichste Mann
Pompejis war damals ein Garumhändler. In den antiken Fabriken
wurden die Fische samt ihrer Innereien mit Meersalz in Tongefäße

geschichtet und dann monatelang unter der heißen Sonne der Fermentation überlassen. Der Gestank dort muss zum Davonlaufen gewesen sein, der Geschmack der mit Garum gewürzten Speisen aber unwiderstehlich. Ähnlich wie das römische Garum bestehen auch die Fischsoßen Südostasiens hauptsächlich aus dem Sud vergorener Fischchen. Der, tröpfchenweise eingesetzt, den Speisen Tiefe gibt, Mundfülle, Dichte.

Beim Garen, Trocknen oder Fermentieren wird aus Proteinen Glutaminsäure freigesetzt, dieses Geschmackswunder, von dem wir nicht genug bekommen können. Nicht verwunderlich, dass die Lebensmittelindustrie bald die Salze aus der sich vollkommen natürlich bildenden Glutaminsäure künstlich isolierte – und damit das Glutamat erschuf, den hässlichen Bruder der Glutaminsäure. Den Frankenstein unter den Würzmitteln, der, in Chips und minderwertiges Fastfood eingebracht, uns kaum mehr aufhören lässt zu essen. Kein Mensch braucht Glutamat. Sind wir doch mit so vielen Gelegenheiten gesegnet, bei denen Glutaminsäure entsteht, wie bei der Fleisch- und Käsereifung, beim langsamen Trocknen von Tomaten, beim stundenlangen Köcheln eines Fonds. Und in besonders starkem Maße bei der Fermentation von Fisch.

Und so schafft es bei den wunderbaren Königsberger Klopsen eine einzige Sardelle, die allerhöchstens fünf Gramm wiegt, der hundertfachen Menge Kalbfleisch ihren Willen aufzupropfen, jedoch subtil und raffiniert, und so die hellen Klopse mit dem zu erfüllen, was das Wort Umami im Japanischen bedeutet: mit köstlichem Wohlgeschmack.

KÖNIGSBERGER
_ KLOPSE

(FÜR 4 PERSONEN)
1 weiße Zwiebel
2 EL Butter
100 ml Milch
1 ½ altbackene Brötchen
500 g Kalbshackfleisch
1 Sardelle
30–40 g Kapern, abge-
tropft, am besten die sehr
kleinen Nonpareilles

Blättchen von 8 Zweigen
Petersilie
1 Eigelb
1 TL Dijonsenf
1 Biozitrone
½ TL feinst gemörserte
Macisblüte oder etwas
weniger als ½ TL geriebene
Muskatnuss
Salz

gemahlener weißer Pfeffer
1,5 l Kalbsfond
200 ml Weißwein
1 Lorbeerblatt
5–8 weiße Pfefferkörner
100–150 ml Sahne
3 EL Mehl
etwas Zitronensaft
Zucker

1. Zwiebel würfeln, in 1 EL Butter (den zweiten EL brauchen wir für die Soße) dünsten, bis sie glasig ist, dann mit Milch ablöschen, etwas abkühlen lassen. Brötchen in kleine Würfel schneiden, Zwiebelmilch über die Brötchenwürfel geben, locker verkneten.

2. Hackfleisch zur Brötchenmasse geben, Sardelle sehr fein hacken, ebenso die Hälfte der Kapern (die zweite Hälfte brauchen wir für die Soße), die Hälfte der Petersilienblättchen fein hacken (die zweite Hälfte brauchen wir für die Soße), mit Eigelb und Senf zur Hackfleisch-Brötchen-Masse geben, alles gut vermischen, mit 1 TL vom Abrieb der Biozitrone **(Saft wird später gebraucht),** Macisblüte oder Muskatnuss sowie mit Salz und Pfeffer abschmecken, aus der Masse 12 Bällchen formen.

3. Kalbsfond mit Weißwein, Lorbeerblatt und Pfefferkörnern in einem Topf aufkochen, dann die Temperatur stark zurückschalten, sodass der Fond nur noch siedet. Die Klopse bei geschlossenem Deckel 15 Minuten ziehen lassen. Klopse aus dem Sud holen.

4. Den Sud durch ein Sieb passieren, etwa 600–700 ml davon wieder in den Topf geben, aufkochen, dann köcheln lassen. Mit der Sahne nochmals aufkochen.

5. 1 EL Butter mit dem Mehl zu einem **Mehlteiglein kneten, wie einen Minimürbeteig,** Scheibchen davon abschneiden und nacheinander in den kochenden Sud geben, bis er andickt. Die übrigen Kapern zur Soße geben, wie auch die übrigen fein gehackten Petersilienblättchen. Die Soße mit Salz und Pfeffer würzen, dann mit etwas Zitronensaft und etwas Zucker abschmecken. Klopse in die heiße Soße geben, darin wieder erwärmen.

6. Zu den Königsberger Klopsen passen Salzkartoffeln, vielleicht in etwas Butter und Petersilie.

PELLKARTOFFELN
— MIT SAUCE
GRIBICHE
UND ROASTBEEF

ICH MOCHTE IMMER gern Remouladensoße, schon als Kind, Fett und Säure sind für mich eine unschlagbare Kombination. Und natürlich schmeckt eine selbst gemachte Remoulade am allerbesten. Dieses Rezept weicht von der klassischen Remoulade (Mayonnaise mit Kräutern, Kapern, Gürkchen, vielleicht noch ein, zwei Sardellenfilets) ein wenig ab. Denn wir geben noch fein gewürfelte Schalotten und fein gehacktes hartes Ei hinzu, damit ist unsere Remoulade eher eine Sauce gribiche, wie wir sie in Gordon Ramsays Restaurant zu den Wachteleiern und den marinierten hauchzarten Mini-Rote-Bete-Scheibchen serviert haben. Dies war die Garnitur zum sagenhaften Pig's Head, einer Vorspeise, nach der die Gäste fast süchtig waren: knusprige Krokettchen aus dem Fleisch vom ausgelösten Schweinskopf, gemischt mit Kapern, Estragon und reduziertem Hühnerfond, dann paniert und ausgebacken.
Bei mir daheim gibt es zur Sauce gribiche einfach Pellkartöffelchen, die man beim Essen beglückt mit der herrlich säuerlichen Soße zerdrückt – beides vermischt ist reinstes Soulfood, wie ein pikanter Baby-

brei, erwachsener wird es, wenn man ein paar Scheiben kaltes Roastbeef dazu isst.

GRUNDSTOCK DER REMOULADE IST EINE MAYONNAISE. DIE MAN, WENN ES BLITZSCHNELL GEHEN SOLL, NATÜRLICH FERTIG KAUFEN KANN (ICH MACH DAS SELBST AUCH OFT SO). WER DAS TUT, KANN IM REZEPTTEIL GLEICH BEI SCHRITT 2 EINSTEIGEN.

Keine Angst vor selbst gerührter Mayonnaise. Sollte sie gerinnen, ist das in keinster Weise ein Problem. Einfach ein weiteres Eigelb in eine frische Schüssel geben, mit einem Schuss Essig verquirlen – und die verunglückte Erstversion der Mayonnaise in winzigen Portionen in das Eigelb schlagen, nach und nach. Es ist erhebend, dabei mitzuwirken, wie Öl und Ei der ausgeflockten Erstversion sich annähern, ganz zögerlich zusammenfinden, wie aus ihnen wieder eins wird. Und aus den Trümmern des Fehlversuchs eine schimmernde Emulsion aufsteigt, seidig und fest. Mir schenkt so etwas Zuversicht.

PELLKARTOFFELN — MIT SAUCE GRIBICHE UND ROASTBEEF

(FÜR 4 PERSONEN)

Mayonnaise (selbst gemacht oder
300 g Mayonnaise aus dem Glas):
2 Eigelb
1 TL Dijonsenf
1 EL Essig
Salz
250 ml Sonnenblumenöl
Sauce gribiche:
1–2 Handvoll frischer gemischter Kräuter.
Schnittlauch, Dill, Kerbel und Estragon
passen besonders gut

1 Schalotte oder kleine rote Zwiebel
2 Eier
2 EL Kapern
etwa 10 kleine Cornichons
1 Sardellenfilet
2 TL Dijonsenf
Essig, nach Belieben
800–1000 g kleine Kartoffeln (am besten
neue)
Roastbeef, nach Belieben, als Aufschnitt
beim guten Metzger kaufen (perfektes
Roastbeef hat innen einen zarten Roséton)

1. Für die Mayonnaise Eigelb, Senf, Essig in einer Schüssel mit einem Schneebesen gut miteinander verrühren, salzen. Dann das Öl langsam in einem sehr, sehr dünnen Strahl zugeben, die Masse schlagen, bis das Öl aufgebraucht und eine stabile Mayonnaise entstanden ist.

2. Kräuter fein schneiden, die Schalotte klein würfeln, die beiden Eier hart kochen und sehr fein würfeln. Kapern und Cornichons zerkleinern. Am schnellsten geht das mit einem Blitzhacker, aber natürlich geht es auch einfach mit dem Messer. **Die Kapern und Cornichons in ein Küchentuch wie in einen Beutel setzen, das Tuch sehr fest zudrehen, um das Einlegewasser aus den Kapern und Cornichons zu pressen (und entsorgen), auf diese Weise wird die Sauce gribiche etwas fester.**

3. Kartoffeln waschen und in kochendes Wasser geben. Nach 15–20 Minuten durch ein Sieb seihen, Kartoffeln im Sieb ausdampfen lassen. Schälen oder nicht, ganz nach Belieben.

4. Sardellenfilet sehr fein hacken, es soll fast eine Paste sein.

5. Mayonnaise mit Sardelle und Senf verrühren. Kräuter, Kapern, Cornichons, Schalotte und Eiwürfel hinzugeben. Alles zur Remoulade vermengen und salzen. Wer mag, gibt noch ein wenig Essig dazu.

6. Nach Belieben Roastbeef zur Sauce gribiche und den Pellkartoffeln reichen.

KROSSES
— BRATHÄHNCHEN

BRATHÄHNCHEN, direkt aus dem Ofen, mit knuspriger, glänzender Haut. So ein Hähnchen weckt viele Erinnerungen bei mir: Das Brathähnchen meiner Oma sonntagmittags, das wir vier Kinder begeistert aßen. Oder das Trost-Hähnchen, das man beim Wienerwald geholt hatte, nachdem die Nachbarsfreundin und ich beide vom Rad gefallen waren – beim ersten Mal ohne Stützräder. Oder das Grillhähnchen, das ich viele Jahre später nach einer verhagelten Prüfung zur Aufrichtung verspeiste. In einem Grillhähnchenimbiss neben der Uni, allein, in Tränen aufgelöst. Eine Freundin erzählte mir einmal, dass sie, als sie noch ein kleines Kind von drei, vier Jahren war, über Wochen mit den Eltern ihre kranke große Schwester im Krankenhaus besucht hatte. Ob das alles sehr traurig gewesen sei, habe ich sie dann gefragt. Sie bejahte es. Aber, sagte sie, sie erinnere sich auch daran: „Danach gab es immer Hähnchen."

VOR KURZEM WAR ICH WIEDER AN EINEM HÄHNCHENSTAND, EINER MOBILEN GRILLSTATION VOR DEM SUPERMARKT. DIESMAL WAREN TROST UND STÄRKUNG DEM URALTEN KATER MEINER ELTERN ZUGEDACHT. WENZEL WAR ÜBER 18 JAHRE ALT, SEHR SCHWACH, UND MAN KONNTE NICHT MEHR VIEL FÜR IHN TUN.

Die Tierärztin empfahl, ihm sein Lieblingsessen zu geben: Brathähnchen. Wir fütterten das greise Tier stückchenweise mit der
Hand. In Zeitlupe leckte Wenzel danach unsere fettigen Finger ab.
So viel Tröstlichkeit steckt in einem Brathähnchen, so viel Freude. Und am besten ist es, wenn man es daheim gebraten hat, mit
extra krosser Haut, unter die für die besondere Knusprigkeit noch
Butter geschoben wurde. So hat es mir mein Souschef in London
beigebracht, und so mache ich es immer noch: Weiche Butter
wird aromatisiert – bei uns in der Restaurantküche mit Estragon,
ich mag es daheim aber lieber noch kräftiger, mit Knoblauch und
etwas Zitronenabrieb. Die Würzbutter wird dann in ein zur Tasche
gefaltetes Pergamentpapier gegeben. Dann geht man mit einem
Nudelholz darüber, die Butter wird so zu einem dünnen Rechteck gestrichen, das man noch kurz im Tiefkühlfach hart werden
lässt. Geht man dann mit den Fingern vorsichtig zwischen die
Haut und das Fleisch des Hähnchens, kann man die formatierte
Würzbutter einschieben. Auf diese Weise wird die Hähnchenhaut
knusprig, aber das Fleisch bleibt herrlich zart. Durch das Geheimnis der Butter. Die ja ein noch größeres Geheimnis in sich trägt,
wie es uns Gérard Depardieu als Chefkoch im Film „Last Holiday"
verrät: „Do you know about-ähh the secret of life?" – „What is it?"
– „Bötter!"

KROSSES
— BRATHÄHNCHEN

(FÜR 4 PERSONEN)	Salz
1 Brathähnchen, ca. 1,5 kg	Pfeffer
100 g Butter	ca. 8 mittelgroße Kartoffeln
1 Knoblauchzehe	2 EL Olivenöl
1 Biozitrone	ein paar Zweige Petersilie

1. Ofen auf 175 Grad Umluft vorheizen, Brathähnchen mit Küchenpapier abtupfen. Butter in Würfel schneiden und in einer Schüssel an einen warmen Ort stellen. Knoblauchzehe schälen, mit der flachen Messerklinge zerdrücken, dann sehr fein würfeln, etwas Salz darauf streuen, mit der flachen Messerklinge noch weiter zerdrücken, wieder hacken, bis eine Paste entstanden ist. ½ EL Zitronenabrieb und den Knoblauch mit der inzwischen weichen Butter sehr gut mischen, salzen, pfeffern.

2. Ein ungefähr DIN-A4-großes Stück Pergamentpapier auf A5 falten, oben und unten ein paar Zentimeter umklappen und falzen, sodass man eine Art Umschlag erhält. In den wird die weiche Würzbutter gegeben, man schließt diesen Umschlag wiederum mit einem Falz. **Jetzt geht man mit einer Flasche oder einem Nudelholz drüber, sodass sich die Butter in die Kanten verteilt und ein gleichmäßig flaches Butterrechteck entsteht.** Im Tiefkühlfach lässt man es 10 Minuten lang hart werden.

3. Etwas Salz und Pfeffer in die Bauchhöhle des Hähnchens geben. Keulen mit Küchengarn zusammenbinden. Auf Rücken- und Brustseite des Hähnchens nahe beim Hals die Haut mit den Fingern vorsichtig vom Fleisch lösen. Das Butterrechteck halbieren, je eine Hälfte auf Brust und Rücken zwischen Fleisch und Haut schieben. Die Haut von außen mit Salz und Pfeffer würzen. 1–2 EL Wasser auf ein Backblech geben. Hähnchen mit der Brustseite nach unten darauflegen. Bei 175 Grad erst einmal 30 Minuten braten.

4. In der Zwischenzeit Kartoffeln schälen, waschen und in Spalten schneiden. 2 EL Öl zu den Kartoffeln geben, salzen, pfeffern, gut vermischen. Nach den ersten 30 Minuten im Ofen das Hähnchen wenden und die Kartoffelspalten um das Hähnchen legen. Nach weiteren 30 Minuten die Kartoffeln wenden und das Hähnchen mit Eiswasser einpinseln. Den Ofen jetzt auf 220 Grad stellen, **Flügelspitzen und Keulenenden eventuell mit etwas Alufolie schützen.** Hähnchen beobachten. Die Temperatur nach unten regulieren, wenn es zu dunkel wird. Wieder mit Eiswasser einpinseln, nach weiteren 20–30 Minuten kross aus dem Ofen nehmen. Die Kartoffeln mit gehackter Petersilie bestreuen.

MOINK
_ BALLS

MUH SAGT DIE KUH, das Schwein sagt Oink, mixt man beide, heißt das Moink. Moink-Balls sind Fingerfood-Grillkult, Hack vom Rind (Muh), mit Schweinespeck (Oink) umhüllt, in Barbecuesoße gebadet. Die International Moink Ball Appreciation Society, eine absolut nicht ernst gemeinte Prüfstelle für die Moink-Ball-Echtheit, die in einem BBQ-Forum entstanden ist, kümmert sich um Verbreitung, Pflege und Kultur der Moink-Balls. Und sie vergibt augenzwinkernd die Zertifizierung zum Moink-Baller, wenn man ein Moink-Balls-Foto hochlädt.

DIE INTERNATIONAL MOINK BALL APPRECIATION SOCIETY SCHREIBT NICHT NUR 100 PROZENT RIND FÜR DIE BÄLLCHEN SOWIE DEN SCHWEINESPECK FÜR IHRE KROSSE HÜLLE VOR, SONDERN AUCH DIE UNBEDINGTE ZUBEREITUNG AUF DEM GRILL. DIESE VORSCHRIFT HEBELN WIR BEI REGEN AUS – ODER WENN ES MAL SCHNELLER GEHEN SOLL –, DENN NATÜRLICH KANN MAN AUF DEN BACKOFEN AUSWEICHEN.

Ansonsten gibt der Moink-TÜV den Moink-Ballern alle Freiheit dieser Welt. Beim Würzen (Rauchpaprika! BBQ-Rub! Senf- oder Zwiebelpulver! Chile Ancho!) können Sie sich nach Herzenslust austoben. Sie können die Bällchen füllen, das macht übrigens auch Kindern großen Spaß: Von klassischem Cheddar über milden Mozzarella bis hin zum kräftigem Roquefort ist alles möglich. Manche Moinkster geben sogar noch ein wenig Dörrpflaume hinzu. Oder Cranberrys. Oder Röstzwiebeln und Bacon. Oder Chorizo. Danach wird das gefüllte Hackbällchen mit Speck umhüllt – und dann gegrillt oder gebraten. Und kurz vor Schluss glasiert: Die Moink-Balls werden mit Barbecuesoße bepinselt. Und glänzen nach ein paar weiteren Grillminuten so appetitlich, als seien sie lackiert. Herzlichen Glückwunsch! Sie sind nun ein Moink-Baller!

Zu den Moink-Balls passt hervorragend ein Rainbow-Slaw, ein Regenbogen-Krautsalat, aus fein gehobeltem Weißkohl, Rotkohl und Karotten. Mit Essig, Salz und einem beherzten Löffel Mayonnaise.

MOINK
_ BALLS

(FÜR 4–6 PERSONEN)
800 g Rinderhack – idealerweise mit
20–30 % Fett, am besten Rindernacken.
Fragen Sie Ihren Metzger, ob er Ihnen das
frische Fleisch wolft.
Salz
Pfeffer, Paprika, Rauchpaprika, BBQ-Rub,
Senfpulver, Chile Ancho zum Würzen des
Hackfleisches. Oder, oder, oder. Ganz nach
Belieben!
200 g Käse (wenn Sie füllen wollen), zum
Beispiel Cheddar, Gouda, Bergkäse,
Mozzarella
20–30 dünne Scheiben Bacon, je nach
Größe der Bällchen
Barbecuesoße nach Wahl

1. Fleisch salzen, würzen. Ein wenig Hackfleisch – die Menge und damit die Größe der Bällchen bestimmen Sie – in die Hand geben, flachdrücken, Käse einlegen, mit Hack umschließen, zu Bällchen formen. Klassisch sind sie golfballgroß.

2. Zwei oder drei Scheiben Bacon über Kreuz legen, den Moink-Ball mittig daraufsetzen, die Enden des Bacons von jeder Seite über das Bällchen legen, sodass der Moink-Ball umschlossen ist.

3. Grill vorheizen, bei etwa 180 Grad indirekter Hitze werden die Moink-Balls (am besten auf der Grillschale) gegrillt, je nach Größe zwischen 10 und 20 Minuten. Oder low and slow: bei 100 Grad etwa 40 Minuten. **Grundsätzlich gilt aber: Man kann nicht viel falsch machen. „They are very forgiving", heißt es in Moink-Ball-Foren liebevoll.** Danach werden die Moink-Balls mit Barbecuesoße glasiert und weitere 5–10 Minuten gegrillt, bis der Bacon wie lackiert aussieht.

4. Wer das Ganze im Backofen macht: Bei ca. 180–200 Grad Umluft backen, bis der Speck kross ist, dann glasieren, Temperatur auf 220 Grad stellen, noch einmal 5–10 Minuten backen, bis der Bacon lecker glänzt.

MÜNCHNER
_ SCHNITZEL

WUMM. BUMM. BAMM. Donnernde Schläge, Holz auf Holz. Wenn ich früher, an den Sonntagmorgen meiner Kindheit und Jugend, bei einem solchen Lärm fast aus dem Bett fiel, war ich keinesfalls verärgert – sondern schon in der Früh, im Halbschlaf noch, begeistert. Denn ich wusste, was es an solchen Tagen zum Mittagessen geben würde: Schnitzel.

DANN HATTE MEINE OMA AM VORTAG SCHNITZELFLEISCH GEKAUFT, EN MASSE. UND EINER MEINER BRÜDER KLOPFTE NUN DIESE SCHNITZEL MIT KARACHO ZU MÖG-LICHST DÜNNEN FLEISCHLAPPEN, SODASS DAS HAUS FAST WACKELTE. MEINE OMA STAND DANEBEN, GAB ANWEISUNGEN, WIE ZU KLOPFEN SEI. UND MEIN OPA KOMMEN-TIERTE MEIST AUCH NOCH, DEN SCHWARZ-WEISSEN ALTEN KATER AUF DEM ARM, DEM ER SCHNITZELSTÜCKCHEN GAB.

Und wenn das ganze Fleisch geklopft war (ich meine, dass das für uns acht ganze Kilos waren. Und denke, es war Schweinefleisch, denn Kalb hätte in diesen Mengen viel zu viel gekostet) – wenn also alles platt war, kam die Panadenstraße. Die gefiel mir, denn die hatte etwas von einer Miniproduktionsanlage, wie ich sie aus der „Sendung mit der Maus" kannte. Salz aufs Fleisch. Es dann durchs Mehl ziehen, dann durchs Ei. Dann durch das Brösel-

bad. Und schon warteten die vier Pfannen mit dem blubbernden Butterschmalz, in denen meine Oma die Schnitzel, eins pro Pfanne, brutzelnd ausbuk, bis sie golden, wellig, bausch-panadig dem Butterbad entstiegen. Und von uns gegessen wurden: garniert mit Zitronenscheibchen und Petersilienblatt. Und dazu Kartoffelsalat, sauer, zwiebelig, mit warmer Brühe abgeschmeckt.

Ich liebe Schnitzel, in allen Variationen. Das klassische Wiener Schnitzel (oder Schnitzel Wiener Art, wenn es nicht vom Kalb stammt). Im Herbst das Jägerschnitzel mit Pilzrahmsoße. Oder das herrlich pikante Münchner Schnitzel, das vor dem Panieren mit Meerrettich und süßem Münchener Senf bestrichen und dann in Bröseln aus altbackenen Laugenbrezen gewendet wird.

Dazu Kartoffelsalat und ein helles Münchner Bier. Nach Möglichkeit im Garten zu verzehren, unter einem Baum, bei Sonnenschein. Dann stellt sie sich ein, diese, wie sie der bayerische Kabarettist Gerhard Polt nennt, „inwendige Tranquilität". Dieser herrliche Zustand aus Weltwohlwollen und schierer Gegenwart: die bayerische Gemütlichkeit.

MÜNCHNER
_ SCHNITZEL

(FÜR 4 PERSONEN)
3 Laugenbrezen vom Vortag
2 Eier
2 EL Milch
Salz
weißer Pfeffer
100 g Mehl

3 EL frisch geriebener Meerrettich – oder
2 EL Meerrettich aus dem Glas (Bitte kein
Sahnemeerrettich!)
2 EL süßer Senf
4 dünne Kalbsschnitzel
250 g Butterschmalz
2 EL Butter
Zitrone und Petersilie zum Garnieren

1. Die Brezen zu Bröseln reiben, auf einen tiefen Teller geben. Eier mit Milch, etwas Salz und weißem Pfeffer in einem weiteren tiefen Teller verquirlen. Das Mehl mit etwas Salz in einem dritten Teller vermischen.
2. Fein geriebenen Meerrettich mit dem süßen Senf vermengen.
3. Die Kalbsschnitzel, **die man sich vom Metzger wirklich dünn schneiden lassen sollte (3–5 mm)**, wenn nötig leicht zwischen zwei Plastikfolien (Gefrierbeutel) noch etwas flacher klopfen.
4. Schnitzel nur auf einer Seite salzen, dann auf dieser Seite mit der Senf-Meerrettich-Mischung dünn und gleichmäßig bestreichen. Schnitzel nacheinander in Mehl, Ei und Brezenbröseln wenden.
5. Schnitzel im Butterschmalz golden ausbacken, **die Pfanne dabei sacht rütteln und bewegen, so geht die Panade schön auf, bauscht sich.** Schnitzel einmal wenden. Am Schluss für den Geschmack etwas Butter zum Butterschmalz geben. Mit Zitrone und Petersilie garnieren. Dazu schmeckt Kartoffelsalat.

SCHWEINEBRATEN
— À LA MOUTARDE

WUNDERBARER ESTRAGON, mein Lieblingskraut, aniswarm, bittersüß, lakritzig und gleichzeitig waldmeisterzart in seinem Duft. Zusammen mit Weißwein, Dijonsenf und Sahne würzt er eine Soße, nach der ich mir die Finger leckte, als ich sie zum ersten Mal probierte. Es war in der Londoner Kochschule. Wir kochten seit Wochen die uralten Klassiker der verschiedenen französischen Landküchen rauf und runter, sie schmeckten alle wunderbar. Aber beim „Lièvre à la moutarde et à l'estragon", dem Kaninchen in Senf-Estragon-Soße, war es um mich geschehen! Erst war ich eingeschüchtert von dem Kaninchen, dessen Gestalt mir so beunruhigend vertraut vorkam, seine Größe, sein Gewicht: Im Geist verglich ich ihn mit unserem Kater. Zögerlich zerlegte ich das Tier, klaubte sein dunkles Herz aus dem kleinen Brustkorb, putzte seine zarten Rippchen. Und fragte mich, wann ich je einmal selbst so ein Kaninchen für mich machen würde. Nie, war mir klar. Doch dann stellte ich die Soße fertig und war entzückt. Sie schmeckte köstlich.

ABER ICH KOCHTE DIESES GERICHT TAT-SÄCHLICH NIEMALS. WANN KAUFTE ICH MIR EINEN HASEN? NIE. UND ICH VERGASS DAS HERRLICHE REZEPT.

Bis ich ein paar Jahre später auf der Terrasse eines kleinen Pariser Restaurants saß, es befand sich in einem mittelalterlichen Haus auf der Île de la Cité, diesem ältesten Teil von Paris. Die Fassade war von üppigem Blauregen überwuchert, der in allen Tönen zwischen violett, licht- und lavendelblau changierte. Wie ein Traum war dieser frühe, warme Abend. Neben uns ragten angekokelt und dennoch wunderbar gelassen die Türme der fast tausend Jahre alten Notre-Dame in den fiedrig rosa-lila Himmel. Mit ein wenig Fantasie konnte man meinen, das Trappeln von Hufen auf dem Kopfsteinpflaster zu hören, das Menü versprach Cuisine ancestrale, Althergebrachtes. Und da! Da stand er auf der Karte, der „Lièvre à la moutarde"! Ich bestellte ihn und war wieder ganz begeistert. Und nahm mir fest vor, dieses Gericht bald einmal zu kochen. Bloß ohne Kaninchen.

Wir kochen einen Sonntagsbraten – vom Schwein und nicht von Meister Lampe. Nicht krustig-bayerisch, sondern sanft geschmort in Weißwein, Dijonsenf und Estragon, dem Wunderkraut. Und ein wenig Rosmarin und Salbei. Schmeckt herrlich elegant und ist nicht teuer – und obendrein noch très facile. Denn die Hauptarbeit beim Schmoren wird von Zeit und Hitze übernommen.

SCHWEINEBRATEN
— À LA MOUTARDE

(FÜR 4–6 PERSONEN)
1 kg Schweinebraten –
Egal, ob Sie es mehr oder
weniger fett mögen, sagen
Sie es Ihrem Fleischer. Er
sucht Ihnen das passende
Stück aus. Und: Den oberen
dicken Fettrand entfernen
lassen! Beim Schmoren
würde er nicht knusprig,
sondern schlapp.

3 Zweige Rosmarin
12 Salbeiblätter
10 Zweige Estragon
1 Zwiebel
1 Knoblauchzehe
Salz
Pfeffer
1 EL Sonnenblumenöl oder
Butterschmalz
2–3 EL Dijonsenf
1 EL Butter

1–1 ½ EL Mehl
150 ml trockener Weißwein
– wenn Kinder mitessen:
durch mehr Fond ersetzen
300 ml Hühner- oder
Kalbsfond
200 ml Sahne

1. Das Fleisch, wenn es sehr unterschiedlich dick ist, ein wenig in Form binden, eigentlich macht man dies mit einem Metzgerknoten. Sie können es aber auch frei machen, Hauptsache, es hält. **Und verwenden Sie Küchengarn, denn das ist hitzebeständig, geschmacksneutral und färbt nicht aus.**
2. Kräuter fein hacken, besonders fein den Rosmarin. Vom Estragon die Hälfte ungehackt beiseitestellen. Zwiebel fein würfeln, Knoblauch in feine Scheiben schneiden.
3. Das Fleisch salzen und pfeffern, im einem großen Topf in heißem Sonnenblumenöl oder Butterschmalz (Butter würde verbrennen) ringsum scharf anbraten, sodass eine schöne Bräunung entsteht. Fleisch aus dem Topf nehmen, auf ein Küchenbrett geben, mit 1–2 EL Dijonsenf rundum bestreichen.
4. Temperatur stark reduzieren. Butter in den Topf geben, sanft erhitzen, Bratensatz vom Topfboden lösen, Zwiebel in die heiße Butter geben, glasig werden lassen, Kräuter und Knoblauch zugeben. Aufpassen mit der Hitze, nichts soll bräunen. Das Mehl zugeben, am besten in den Topf sieben, bei kleiner Hitze gut einrühren, sodass keine Klümpchen entstehen, mit Wein ablöschen, unter Rühren aufkochen, sodass eine Bindung entsteht. Hühnerfond angießen, rühren. Das Fleisch zugeben, alles aufwallen lassen. **Achten Sie darauf, dass die Temperatur sehr niedrig gestellt ist – aber die Soße leise köchelt.** Deckel auf den Topf setzen, alles etwa 75–90 Minuten schmoren lassen, Fleisch mehrmals wenden.
5. Fleisch aus der Soße nehmen, Küchengarn entfernen. Soße bei kräftiger Temperatur einkochen lassen. Nach Geschmack etwas Dijonsenf und die Sahne hinzufügen, reduzieren. Den restlichen Estragon ganz frisch hacken, zur Soße geben, salzen, pfeffern. Fleisch wieder in die Soße geben. Zum Gericht passen junge Kartoffeln, geröstet oder in Butter geschwenkt, und ein grüner Salat.

VIETNAMESISCHES
— BÁNH MÌ
SANDWICH

BÁNH MÌ HABE ICH DAS ERSTE MAL in London ge-gessen, nicht in Vietnam, wo das Sandwich eigentlich herkommt. Die Franzosen hatten während der Kolonialzeit Baguette und Foie gras in Indochina eingeführt, die Vietnamesen adaptierten das knusprige Brot und machten es sich durch die Beimischung von Reismehl zum Weizen zu eigen. Sie füllten diese Baguettes mit der französischen Leberpastete und mit gegrilltem Schweinebauch, gaben Gemüse und Kräuter dazu und würzten mit Fischsoße und Limette. Bánh Mì ist ein beliebtes Streetfood in Vietnam, das seit den 1950er-Jahren überall in den Straßen Saigons auf die Hand verkauft wird.

Meine Mitbewohnerin Sarah hatte mich zum Londoner Broadway Market mitgenommen, es war ein Samstagmittag Ende August, sonnig, die Straße mit den viktorianischen Reihenhäuschen war von Buden mit bunten Schirmen gesäumt. An den Ständen wurde handgemachter Käse angeboten, Sauerteigbrot, lila Kartoffeln und purpurfarbene Möhren. Die Pubs hatten die Stühle nach draußen gestellt, das Bier schäumte in den Pintgläsern, ein DJ hatte sein Set unter freiem Himmel aufgebaut. Die winzigen Secondhandläden verkauften Pillboxhütchen, ausgestopfte Wiesel, die Pfeife rauch-ten, und Mid-Century-Stühle. An den Blumenständen wogten die Lieblingsblumen der Londoner, Hydrangea, Hortensien, mit blau-irisierenden Blütenständen, groß wie Fußbälle. Und aus den Streetfood-Buden zogen die köstlichsten Gerüche: Es gab Cornish Pasty, die Fleischtaschen aus Cornwall, Reuben-Sandwiches mit Sauerkraut und Pastrami. Ein Stand bot Halloumi-Fries an, das war zu Pommes geschnittener, frittierter Halloumi-Käse, mit Thymian-joghurt und Granatapfelsirup, es gab schottische Haggis-Toasts,

karibisches Jerk Chicken. Wir nahmen Probierportionen und teilten uns einen Artisan-Hotdog mit Kimchi-Mayonnaise. Unseren Haupthunger sparten wir uns aber noch auf: für das Bánh Mì.

ZU DIESEM STAND GINGEN WIR NUN, ORDERTEN ZWEI DIESER SANDWICHES, DIE VOR UNSEREN AUGEN ERST MIT SCHARFER MAYO BESTRICHEN, DANN GEFÜLLT WURDEN, ICH NAHM FLEISCHBÄLLCHEN MIT KRABBEN, SARAH RINDFLEISCH, DANN KAMEN RETTICH- UND MÖHRENSTREIFEN DARAUF, ROTKOHL UND GURKE, DANN KORIANDER UND MINZE.

Wir ließen die Sandwiches einpacken, nahmen noch eine Flasche kalten Prosecco aus einem Sainsbury's-Ecksupermarkt mit und gingen die paar Schritte zum London Fields Park und zu seinem Lido, dem 50-Meter-Freibad. Setzten uns beim Becken auf eine Picknickdecke. In der Luft lag der Duft von frisch gemähtem Rasen, von Chlor und spätem Sommer. Wir stießen an und bissen in unsere Sandwiches. Diese Frische! Diese Knusprigkeit! Die Fleischbällchen mit dem Ingwer, die Exotik der Fischsoße, die fettscharfe Mayonnaise und das säuerliche Gemüse! Ich fühlte mich wie im Himmel. Und erinnere mich noch heute so gern an dieses Picknick, an die Freude, die Leichtigkeit. Und daran, dass es für einen perfekten Tag oft nur eine Decke und ein Sandwich braucht und um den Sommer, der schon drauf und dran ist, sich zu verabschieden, noch ein wenig zum Bleiben zu bewegen.

VIETNAMESISCHES — BÁNH MÌ SANDWICH

(FÜR 4 SANDWICHES)	2 EL vietnamesische	1 EL Zucker
FLEISCHBÄLLCHEN:	Fischsoße	Salz
400 g Schweinehack	Salz	½ EL Sesamöl
200 g ausgelöste Garnelen,	4–5 EL Sonnenblumenöl	
gern TK		ZUSAMMENSETZEN:
1 Ei	MARINIERTES GEMÜSE:	4 Baguettebrötchen oder
3 Frühlingszwiebeln	2 Minigurken	1 langes Baguette
2 Knoblauchzehen	¼ Rotkohl	2–3 EL Mayonnaise
1 Stück Ingwer, groß wie	¼ weißer Rettich	1 EL Sriracha-Soße
ein halber Daumen	2 Karotten	je 4 Zweige Thaibasilikum,
1 kleine rote Chilischote	2 Mini- oder 1 Spitzpaprika	Koriander und Minze
1–2 EL Panierbrösel	2 EL Reisessig	1 Limette

1. Hackfleisch mit gehackten Garnelen und Ei gut vermischen. Frühlingszwiebeln in feine Ringe schneiden, Knoblauch und Ingwer schälen und sehr fein würfeln. Chili in feine Streifen scheiden. Alles zusammen mit den Panierbröseln zum Fleisch geben und gut vermengen, mit Fischsoße und Salz abschmecken. Etwa 16–20 Bällchen formen, kalt stellen.

2. In der Zwischenzeit die Minigurken mit dem Gurkenschäler in Bänder hobeln, den Rotkohl, den Rettich und die Karotte in feine Streifen, die Paprika in dünne Ringe schneiden. Aus Essig, Zucker, Salz und Sesamöl eine Marinade rühren, das Gemüse darin einlegen.

3. Die Baguettebrötchen so aufschneiden, **dass sie noch an einer Seite zusammenhalten,** eventuell im Backofen kurz anrösten, Mayonnaise mit der Sriracha-Soße verrühren, die Blättchen von den Kräuterzweigen zupfen.

4. Sonnenblumenöl in einer Pfanne heiß werden lassen, die Bällchen rundum braten, sodass sie innen gar sind, aus der Pfanne nehmen und auf einem Küchentuch abtropfen lassen.

5. **Die Bành Mì zusammensetzen:** Baguettebrötchen oder ein in vier Stücke geteiltes Baguette mit Sriracha-Mayo bestreichen, die Bällchen hinein- und etwas vom marinierten Gemüse dazugeben. Großzügig mit den Kräutern bestreuen, mit ein paar Spritzern Limettensaft beträufeln.

CHICKEN
— TIKKA
MASALA

HÄHNCHENSTÜCKE, mit vagem indischen Curryanklang
in orangeroter Soße, tomatig, sahnig, zimtig, mit Chilianmutung,
ohne auch nur im Geringsten scharf zu sein: Chicken Tikka Masala
ist der kleinste kulinarische Nenner der Briten, vielleicht ist die
Chicken Tikka Masala ja sogar ihr Nationalgericht. Sie ist warm,
verlässlich lecker, eine Wolldecke für die Seele, immer greifbar,
wenn einem danach ist. 25 Millionen Portionen werden im Ver-
einigten Königreich jedes Jahr davon verkauft.
Interessanterweise ist die Chicken Tikka Masala keineswegs ein
kulinarischer Import aus Indien, sondern ein einzigartiges britisch-
indisches Hybrid, erfunden vor fast einem halben Jahrhundert im
windigen Schottland von einem Punjabi, von Ali Ahmed Aslam,
den man in Glasgow als Mr. Ali kennt. In den frühen 1970er-
Jahren, so weiß es die Familienlegende, kam nachts ein durch-
gefrorener schottischer Busfahrer nach seiner Schicht in Mr. Alis
Restaurant im Curry Canyon, so nannte man das Gässchengewirr
um die Gibson Street im Glasgower West End, in dem sich fast alle
indischen Restaurants der Stadt befanden.

**DER BUSFAHRER BESTELLTE HÄHNCHEN-
CURRY, NAHM EINEN BISSEN UND VERZOG
DAS GESICHT. VIEL ZU SCHARF! UND WAR-
UM SO WENIG SOSSE, BESCHWERTE ER SICH.
MR. ALI, DER GERADE WEGEN MAGENPRO-
BLEMEN NUR SUPPE ZU SICH NAHM, HATTE
IN SEINER KÜCHE NOCH EINE HALB VOLLE
DOSE CAMPBELL'S TOMATO SOUP STEHEN.**

Er nahm das Hähnchencurry, wärmte es in einer Pfanne mit der Tomatensuppe auf. Und gab noch einen sehr üppigen Schuss Sahne dazu, sie sollte das Gericht noch milder machen. Ein Star war geboren! Der Busfahrer war begeistert, kam am nächsten Tag wieder, wollte wieder „dieses Gericht", brachte seine Freunde mit, man rannte Ali die Bude ein, denn die Kunde von „dem Gericht" verbreitete sich wie ein Lauffeuer. Alle wollten sie kosten, die wunderbare Speise, die gleichzeitig exotisch und dennoch herrlich vertraut war, ein wenig aufregend, ein wenig beruhigend, ein Bengalischer Tiger mit Zähnen aus Plüsch. „Das Gericht", das Ali ganz einfach Chicken Tikka Masala – „Hühnerstücke mit Gewürz" – taufte, wurde ein Weltbestseller, der Alis Familie reich machte und Millionen von Briten glücklich.

Auch unsere Chicken Tikka Masala macht glücklich, sie hat die Qualität eines Comfort-Food und ist nicht scharf, dennoch kommen bei uns wirklich viele Gewürze zum Zug – und wir lassen das Hühnerfleisch lange marinieren! Denn so machen Mr. Ali und seine Söhne das Chicken im Restaurant „Shish Mahal" auch heute noch: raffiniert und über Nacht mariniert, dann gegrillt, schließlich in einer köstlichen, vielschichtigen Soße gebadet, die vor Gewürzen nur so strotzt. So wird sie dem Titel „The best Chicken Tika Masala in the world", mit dem das „Shish Mahal" wirbt, voll gerecht. Aber unsere ist ihr ganz dicht auf den Fersen …

(FÜR 4–6 PERSONEN)	SOSSE:	1 EL Zucker
4 Hähnchenbrüste	1 Zwiebel	1 TL Paprikapulver
1 Zitrone	2 EL Sonnenblumenöl oder	2 TL Garam Masala
2 TL Salz	Butterschmalz	100 ml Sahne
	7 Kapseln grüner	etwas Zitronensaft
MARINADE:	Kardamom	Salz
2 TL gemahlener Kreuz-	½ Zimtstange	ein paar Korianderzweige
kümmel	4 Nelken	
1 EL Garam Masala	1 daumengroßes Stück	
1 EL Paprikapulver	Ingwer	
150 g Vollmilchjoghurt	6 Knoblauchzehen	
3 Knoblauchzehen	1 Dose stückige Tomaten	
1 Stück Ingwer, etwa einen	(ca. 400 g)	
halben Daumen groß	1 kleine rote Chilischote	

1. Hähnchenbrüste in mundgerechte Stücke schneiden. Zitrone auspressen. Hähnchenstücke mit Salz und Zitronensaft vermengen, ziehen lassen. In der Zwischenzeit für die Marinade die Gewürze mit dem Joghurt
gut vermengen. Den geschälten Knoblauch und den geschälten Ingwer
mit dem Pürierstab oder Mörser zu einer Paste verarbeiten, dann auch
unter den Joghurt rühren. Hähnchenbruststücke zum Würzjoghurt
geben, gut bedecken, marinieren lassen, am besten über Nacht.

2. Für die Soße die Zwiebel schälen und würfeln, in einer Pfanne im
heißen Öl golden braten. In der Zwischenzeit Kardamomsamen aus den
Kapseln entnehmen, mit der Zimtstange und den Nelken zusammen
fein zermörsern.

3. Abermals eine Knoblauch-Ingwer-Paste vorbereiten, zu den Zwiebel-
würfeln in die Pfanne geben, golden anbraten, dann die gemörserten
Gewürze zugeben. Stückige Tomaten plus Wasser, ca. 200 ml (etwa die
Hälfte der Tomatendose), zugeben, alles bei niedrigerer Hitze 15 Minuten köcheln lassen.

4. Die Hähnchenstücke aus der Marinade nehmen, Marinade
abstreifen, zur Seite stellen. Wer einen Grill hat: Hähnchen auf
metallene Spieße stecken, von jeder Seite ca. 6 Minuten grillen. Im Back-
ofengrill: auf höchste Stufe stellen, die Hähnchenstücke
auf ein Backblech geben, ca. 15–20 Minuten unter dem Grill gut
Farbe annehmen lassen, einmal wenden.

5. Verbleibende Joghurtmarinade in die Tomatensoße geben, Chilis in
sehr feine Streifen schneiden, Zucker, Paprikapulver, Garam Masala und
Sahne zugeben, verrühren, die Hähnchenstücke in die Soße geben, ein
paar Minuten weiter köcheln. Mit Salz und Zitronensaft abschmecken.
Die Korianderblättchen von den Stängeln zupfen, großzügig über der
Chicken Tikka Masala verteilen. Dazu schmecken Reis oder Naan-Brot.

CHICKEN
— TIKKA
MASALA

TIROLER SPECKKNÖDEL — MIT PFIFFERLINGS-RAHM

ES WAR AUF EINER LANGEN BERGWANDERUNG in einem Spätsommer vor einigen Jahren, als ich diese köstlichen Tiroler Speckknödel zum ersten Mal gegessen habe. Ich bin fünf Tage lang von Lindau durch das Tiroler Tannheimer Tal nach Füssen gewandert, 120 Kilometer, über Wiesen und Hügel, über Berge, durch Täler, auf schmalen Graten und engen Steigen. Es war eine Reportage für ein Reisemagazin, die ich zusammen mit einem Naturfotografen machte. Es ging sonnig los, mein Hund war dabei, er sprang fröhlich vor mir her, ich war bester Dinge. Am Morgen des zweiten Tages tat mir schon jeder Muskel weh, meine Füße, die nur noch aus Blasen bestanden, passten fast nicht mehr in die Bergschuhe. Kaum auf den Weg gemacht, verlor ich erst den Fotografen, dann den Hund, als ich beide nach Stunden gefunden hatte, kamen wir in einen Wolkenbruch, der uns über Schotter rutschen und an Drahtseilen Halt suchen ließ, dabei öffneten sich dann die Blasen an meinen Füßen. Am dritten Tag regnete es durchgehend in Strömen. Warum Wandern? Warum tut man sich so etwas an, fragte ich mich. Warum hinauf, dann wieder herunter? Am vierten Tag klarte es endlich auf, die späte Augustsonne hüllte die Landschaft, die man vom Gipfel aus sah, in goldenes Licht. Als wir aber die Sennerei, in der wir mittags einkehren wollten, auch um fünf nicht gefunden hatten, war uns klar, dass wir uns verlaufen hatten. Wie suchten lange weiter, der Hund konnte nicht mehr, ich auch nicht. Es dunkelte, als wir den Weg schließlich gefunden hatten und vorwärts stolperten. Im Wald raschelte es, kein Mond war am Himmel. Und als wir dann schließlich aus dem Dickicht traten und sich der Blick in das finstere Tal öffnete, war da nichts, nur die

Schemen von Wiesen und Feldern, eingerahmt von den Schatten der Berge, darüber ein Himmel, tief und schwarz. Doch in der Ferne ein einsames Licht. Schnell gingen wir darauf zu, aber der Weg nahm kein Ende, die Zeit zog sich wie Strudelteig.

ES WAR KALT, ICH SORGTE MICH, WAS, WENN DIESES LICHT NICHT DIE HÜTTE WAR, IN DER WIR ÜBERNACHTEN WOLLTEN? DOCH SIE WAR ES! ICH HÄTTE FAST GEWEINT VOR GLÜCK, ALS WIR DANN NEBEN DEM KAMIN SASSEN, DIE HÜTTENSCHUHE AN DEN FÜSSEN.

Die Wirtin hatte dem Hund einen Napf mit Kutteln hingestellt und uns Teller, auf denen die duftenden, in Butter gebadeten Speckknödel thronten. Diese hellen Semmelknödelchen, von knusprig gebratenen Speckwürfeln durchsetzt wie ein Nachthimmel von funkelnden Sternen! Tiroler Speck, der mit seiner kräftigen Würze die weichen Knödel durchdrang und erfüllte. Und spätestens beim Speckknödelessen kam mir die Antwort darauf, worum es beim Bergwandern ging: um Kontraste. Um die Symmetrie der Verhältnisse, die Harmonie der Gegensätze. Um das Auf und das Ab, den Gipfel, das Tal, die Stahlkorsettenge der Bergstiefel und die endlosen Weiten des Hüttenschuhs. Um die Mühe und ihren Lohn, nämlich das Hüttenglück, dessen reinster Ausdruck für mich seither Speckknödel sind.

TIROLER SPECKKNÖDEL — MIT PFIFFERLINGS-RAHM

(FÜR 4 PERSONEN)
250 ml Milch
2 Eier
200 g altbackene Brötchen, in Würfel geschnitten. Oder fertiges Knödelbrot
100 g Speck, am besten Tiroler Speck
1 weiße Zwiebel
2 EL Butter (1 EL für die Knödel, 1 EL für
die Pfifferlinge)
Salz

Pfeffer
Muskatnuss
5–6 Zweige Petersilie, die Blättchen
abgezupft
2–3 EL Mehl
500–600 g Pfifferlinge
200 g Schlagsahne
1 Schuss Weißwein
2 TL mittelscharfer Senf
Schnittlauch, in Röllchen geschnitten

1. Milch lauwarm erwärmen, die Eier darin verquirlen, die Semmelwürfel mit der Eiermilch vermengen, ca. 20 Minuten ziehen lassen.
2. Speck und Zwiebel in Würfel schneiden, in Butter bei geringer Hitze langsam anbraten. Salzen, pfeffern, mit geriebener Muskatnuss abschmecken. Speckmasse abkühlen lassen, dann zum Knödelteig geben. Petersilienblätter fein hacken und mit dem Mehl zum Knödelteig geben, alles vermengen, noch einmal 10 Minuten quellen lassen.
3. Mit angefeuchteten Händen aus der Masse kleine Knödel rollen, diese dann in siedendem Salzwasser gar ziehen lassen (nicht kochen). **Das dauert ca. 15 Minuten, je nach Größe der Knödel.**
4. In der Zwischenzeit Pfifferlinge mit einem weichen Tuch oder einer Bürste vorsichtig abreiben, nicht waschen. Pilze halbieren, in 1 EL Butter anbraten. Sahne dazugeben, den Schuss Weißwein, 3 Minuten köcheln lassen, Senf unterrühren. Pfifferlingsrahm mit Salz und Pfeffer abschmecken und mit Schnittlauchröllchen zu den abgeseihten Speckknödeln anrichten.

MAISCHOLLE MIT SPECKSTIPPE

**IM MAI BEGINNT DIE SCHOL-
LENZEIT.** Der Plattfisch aus der Nord-
see, Ostsee oder der arktischen Barentsee
ist nicht nur herrlich zart und saftig. Er
ist auch einer der eiweißreichsten Fische
überhaupt. Gleichzeitig ist die Scholle ganz
besonders fettarm.

Deswegen verträgt sie so gut eine Begleitung, die mich vollkommen begeistert hat,
als ich, frisch aus Bayern nach Nord-
deutschland gezogen, irgendwo am Meer
diese Kombination zum ersten Mal gegessen habe: die Speckstippe zum Fisch.

Was für eine Paarung: der Fisch – die
Ahnung von tosenden Wellen, von Salzluft
und Möwengeschrei – zusammen mit dem
gemütlich-heimeligen Brutzeln von Speck,
das mich irgendwie an Bayern erinnerte.
Dazu Butter, Zwiebeln und Zitrone. Und
würzig-frische Petersilie. Ich fühlte mich
gleich schon mehr daheim im fremden
Hamburg. Ich war hierhergezogen, um die
Journalistenschule zu besuchen, und kannte außer meinen neuen Mitschülern nie-
manden in der Stadt, die mir kalt, nass und
windig vorkam. Doch ich hatte eine Küche

mit wunderschönen grünen Kacheln und um die Ecke einen Fischhändler (den es immer noch gibt, ich kaufe da immer noch meine Scholle). Ich begann also meine Zeit in Hamburg mit Fisch und Speck. Und ich bin meiner Liebe zu Speckstippe treu geblieben.

DIE SCHOLLE IST GÜNSTIG, GESUND UND LECKER – WER SIE NICHT IM GANZEN MACHEN MÖCHTE ODER FÜR KINDER KOCHT, DIE SICH OFT VOR GRÄTEN FÜRCHTEN, LÄSST SIE SICH VOM FISCHHÄNDLER FILETIEREN.

Die Scholle mit Speckstippe ist einfach und schnell zubereitet, maximal eine Viertelstunde dauert es vom Aufschlagen des Wachspapiers, in dem die Schollen liegen – die Küche riecht sofort wunderbar nach Meer –, bis zur ersten Gabel vom herrlichen weißen Fleisch. Dazu Petersilienkartoffeln, ein wenig zerdrückt in der buttrig-zitronigen Soße, obendrauf der krosse Speck … Köstlich!

MAISCHOLLE
— MIT
SPECKSTIPPE

(FÜR 2 PERSONEN)

2 Maischollen à ca. 300 g, küchenfertig
ausgenommen, ohne Kopf. Oder vom
Fischhändler filetiert.

2–3 EL Butter

50 g Räucherspeck

1 rote Zwiebel oder Schalotte

Salz

Pfeffer

2 EL Mehl

2 EL Sonnenblumenöl

1 Biozitrone

1 kleine Handvoll gehackte Petersilie

1. **Die Fische sind recht groß, deswegen zwei Pfannen herrichten.** Die beiden Schollen kurz mit Wasser abspülen, trockentupfen. Mit dem Saft einer halben Zitrone beträufeln, ein paar Minuten ziehen lassen.

2. In der Zwischenzeit Speck in Würfel oder Streifen schneiden, Zwiebel würfeln, beides in etwas Butter knusprig braten, zur Seite stellen.

3. Die Schollen von jeder Seite salzen und pfeffern, in Mehl wenden. Das überschüssige Mehl abklopfen.

4. In zwei großen Pfannen zuerst das Öl erhitzen. Danach reichlich Butter dazugeben.

5. **Die Schollen mit der dunklen Seite zuerst im heißen Fett anbraten.** Nach 3 Minuten wenden, die Hitze ein wenig herunterdrehen und noch weitere 5 Minuten braten, Schollen aus der Pfanne nehmen.

6. Die Speck-Zwiebel-Würfel in einer der heißen Pfannen noch einmal heiß werden lassen. Über den fertigen Schollen verteilen, etwas Zitronensaft darüber träufeln, dann mit gehackter Petersilie bestreuen.

7. Zur Scholle mit Speckstippe passen Petersilienkartoffeln, in Butter geschwenkt.

MARACUJA _ CEVICHE

CEVICHE, DAS PERUANISCHE Nationalgericht aus kalt gegartem Fisch in einer säuerlichen Marinade, ist das sommerlichste Essen, das man sich vorstellen kann, schnell gemacht, leicht und frisch. Und vor allem unglaublich gut und so besonders: Die feine Säure, die Zwiebelschärfe, der knackige Staudensellerie, der Hauch von Chili und das grüne Aroma des Koriandergrüns umschwirren leichtfüßig die kühlen Würfel von Kabeljau, Wolfsbarsch oder Adlerfisch. Und zusammen mit einem Pisco Sour, Perus potentem Nationalcocktail aus Traubenschnaps, Eiklar und Limette, ist Ceviche absolut sommerpartytauglich.

DAS GERICHT CEVICHE IST URALT, ÄLTER ALS DIE INKA, DIE PERU ERST VOR 1000 JAHREN BESIEDELT HABEN. IN DER INDIOSPRACHE QUECHUA BEDEUTET DAS WORT SIWICHI „FRISCHER FISCH".

Schon die Menschen der Mochica-Kultur mit ihren Priesterköniginnen und Menschenopfern, die ab 100 vor Christus an der Nordküste Perus ansässig waren, haben rohen Fisch mit dem Saft von säurehaltigen Früchten wie der Maracuja oder der Bananenmaracuja vermengt, um ihn sanft kalt zu garen. Zitronen und Limetten brachten dann erst die Eroberer aus Spanien um 1500 nach Peru. Limettensaft ist seitdem wichtigster Bestandteil der „leche de tigre",

der Tigermilch, wie man die Ceviche-Marinade nennt, die ansonsten noch mit Knoblauch, Ingwer oder Chili gewürzt sein kann. Und von der man vor oder nach dem Essen ein Schnapsglas trinkt. Um 1900 gab es in Peru eine große Einwanderungswelle von Japanern, die als Gastarbeiter zunächst Felder und Plantagen bestellten. Sehr viele Japaner blieben dann für immer im Land und machten Peru zu ihrer Heimat. Sie arbeiteten dann oft als Köche oder Gastronomen und erweiterten die peruanische Küche um die „cocina nikkei", die Fusion aus japanischer und peruanischer Kochkunst, auf die ganz Peru heute stolz ist. Auf die Japaner geht die beste Zubereitung von Ceviche zurück: Sie ließen den Fisch nicht zu lange marinieren, sondern nur ganz kurz in der Tigermilch ziehen. Denn beim kalten Garen – dem Denaturieren der Proteine durch Säure statt durch Hitze – gibt es, wie beim Steak vom heißen Grill, unterschiedliche Gargrade: raw, medium oder well done. Letzteres ist beim feinen Fisch dringend zu vermeiden, denn dann wird er hart. Raw bleiben die Fischwürfel, wenn man sie nur zwei, drei Minuten ziehen lässt, das ist mir zu wenig. Ich mag den Fisch am liebsten medium, wenn seine Glasigkeit ganz leicht ins Opake übergeht. Das passiert nach etwa sieben, acht Minuten. Und ich nehme nur einen Spritzer Limettensaft. Und sonst, als Säurebasis, Maracujasaft, so wie die Leute der uralten Mochica-Kultur. Süß, sauer, wunderbar exotisch ist so eine Maracuja-Ceviche. Und so modern! Kaum zu glauben, dass das Rezept schon um die 2000 Jahre alt ist.

MARACUJA
__ CEVICHE

**(FÜR 4 PERSONEN ALS VORSPEISE,
FÜR 2 ALS HAUPTGERICHT)**
2 Tomaten
2 kleine rote Zwiebeln
1 Stange Staudensellerie
1 Limette
5 reife Maracujas
1 Knoblauchzehe

1 x 1 cm großes Stück Ingwer
400 g weißer Fisch wie Kabeljau,
Wolfsbarsch oder Adlerfisch
Salz
1 kleine rote Chilischote
8 Zweige Koriander
Pfeffer

1. Wasser in einem Topf zum Kochen bringen, Tomaten kreuzweise einritzen, am besten direkt an ihrer sanft abgerundeten Spitze, ein paar Sekunden ins kochende Wasser legen, danach kurz in Eiswasser legen. Tomaten häuten, Kerne entfernen, Tomatenfleisch in Würfel schneiden.
2. Zwiebeln in hauchdünne Ringe, Staudensellerie in 0,5 cm schmale Streifen schneiden. Die Limette für ein paar Minuten in kaltes Wasser geben, das entzieht ihr Bitterstoffe.
3. Dann Maracujas halbieren, Saft durch ein Sieb in eine Schüssel streichen. Diese sollte nicht aus Metall sein. Den kernlosen Maracujasaft mit fein gehacktem Knoblauch, geriebenem Ingwer und ein paar Spritzern vom Saft der gewässerten Limette würzen. **Nach gewünschtem Schärfegrad eine halbe oder ganze gewürfelte Chilischote zur Marinade, der „leche de tigre" (Tigermilch), geben.**
4. Den Fisch leicht salzen, das Salz ein paar Minuten einwirken lassen, so gewinnt das Fischfleisch an Festigkeit.
5. Dann den Fisch in 1–2 cm große Würfel oder Scheiben schneiden, das Messer dazwischen immer wieder in kaltes, klares Wasser tauchen. Fisch in der Marinade ziehen lassen, je nach gewünschtem Gargrad.
6. Fisch aus der Marinade nehmen. Mit den Zwiebeln, dem Sellerie, den Tomatenwürfeln, frischem Koriandergrün und etwas Marinade anrichten, pfeffern. **Wer mag, serviert gekochte Maiskolben dazu. Oder ein wenig Süßkartoffelpüree.** Restliche Tigermilch in Schnapsgläsern zur Ceviche servieren. ¡Qué aproveche! Guten Appetit!

PAELLA

—

IM SPANISCHEN VALENCIA wurde die Paella erfunden.
Die Paella ist in Valencia mehr als ein Essen, sie ist eine Glaubens-
frage, mehr ein Ritual als nur ein spätes Mittagessen am Sonntag-
nachmittag. Ich habe in Valencia studiert. Und Paella geliebt! Ich
habe damals in Valencia direkt neben der Jugendstilmarkthalle
gewohnt. Auf dem Weg zur Uni und wieder nach Hause ging ich
jeden Tag dort durch. Kaufte mal ein paar Muscheln, mal Tinten-
fisch und manchmal Gambas, ich nahm, was gerade günstig war.
Kaufte Erbsen und Zitronen. Reis und Tomatenpüree hatten wir
immer daheim in der WG. Und Chorizo, die Paprika-Knoblauch-
Wurst! Das waren die Zutaten für meine Paella.

FÜR VIELE VALENCIANER EIN SAKRILEG, DENN IN DIE ECHTE, DIE ORIGINALE PAELLA KOMMEN NEBEN REIS UND SAFRAN NUR KANINCHEN, HUHN, TOMATEN UND BOHNEN.

Die Paella war früher ein Arme-Leute-Essen, von den Bauern im
Freien überm Feuer gekocht, mit dem, was eben da war auf Acker
und Feld. „Wikipaella", eine Valencianer Organisation, wacht
über die originale Paella Valenciana, bewertet Paellarestaurants
(Wird über offenem Feuer gekocht? Und kommt das Feuerholz

vom Orangenbaum?) und hat es durch ausdauerndes Twittern geschafft, dass ein Paella-Emoji eingeführt worden ist. Doch dann war in der Emoji-Pfanne ein Hühnerschenkel zu sehen – und eine Gamba! Die Paella-Gemeinde twitterte Sturm: Gamba und Huhn zusammen ist falsch! Niemals „mar y montaña", Meer und Berge, also Meeresfrüchte und Fleisch mischen! Und eine Paella, die tatsächlich Paella heißt, gibt es mit Fisch, Muscheln oder Krabben ohnehin nicht. Sie heißt dann nicht mehr Paella, sondern Arroz de Marisco, Reis mit Meeresfrüchten. Und wirklich, das Paella-Emoji wurde geändert.

Ich bleibe bei meinem Rezept der unorthodoxen Paella, ganz einfach, weil sie mir so gut schmeckt. Ihre Zubereitung ist so leicht, dass wir die Paella oft am Strand über einem Lagerfeuer gemacht haben. An der Playa del Cabanyal, die Füße im Sand, haben wir bei Meeresrauschen direkt mit dem Löffel aus der Pfanne gegessen: diesen rotgoldenen Reis, der vom herb-erdigen Safranduft durchdrungen war, von der Fruchtigkeit der Tomaten, in die die Erbsen ein paar süße Akzente gesetzt hatten. Und dann die Kombination aus dem Meeresaroma der Gambas oder Muscheln mit der fettwürzigen Chorizo. Köstlich! Am Ende des Gelages kam dann der Socarrat, der am Boden der Paellapfanne angebackene Reis, so knusprig und rauchig und voller Geschmack.

Und beim Socarrat würde sogar ich dogmatisch sein: Nur eine Paella mit Socarrat ist eine gute Paella.

PAELLA

—

(FÜR 4 PERSONEN)
2 Briefchen (à 0,1 g) Safranfäden
2 EL kochendes Wasser
200 g Chorizo
1 Zwiebel
1 Knoblauchzehe
1 rote oder gelbe Paprika
2 EL Olivenöl
400 g Rundkornreis (am besten ist der spanische

„Bomba", aber jeder andere Rundkornreis funktioniert auch)
ca. 1 l Hühnerbrühe
400 g Tomatenpüree
200 g Erbsen – frisch oder tiefgekühlt
2 TL Pimentón de la Vera oder jedes andere Rauch-paprikapulver
Salz

ein paar geputzte Gambas, Tintenfischtuben, in Ringe geschnitten, Miesmuscheln, Herzmuscheln. Ganz nach Geschmack und je nach-dem, was es gerade an der Fischtheke gibt
2 Biozitronen

1. Safranfäden zwischen den Fingern zerreiben und mit kochendem Wasser übergießen. Die Haut der Chorizo entfernen, die Wurst in Scheiben schneiden. Zwiebel und Knoblauch fein würfeln. Paprika putzen und 1 cm groß würfeln.

2. In einer Pfanne ohne Öl die Chorizo kurz anbraten, dann herausnehmen und beiseitestellen. Das Olivenöl zum Bratfett geben. Zwiebel und Paprika darin 5 Minuten dünsten. Knoblauch und Safran mit Einweichwasser zugeben. Alles verrühren.

3. Den Reis zugeben, anschwitzen lassen. Dann die Hühnerbrühe und das Tomatenpüree zufügen. Alles 5 Minuten aufkochen und weitere 5 Minuten köcheln lassen.

4. Jetzt die Erbsen, die Chorizo und das Paprikapulver unter den Reis heben, salzen. Bei niedriger Hitze weiter köcheln lassen. **Ab jetzt nicht mehr rühren, damit sich der Socarrat, die Kruste, bilden kann!**

5. Nach weiteren 5 Minuten probieren, wie weit der Reis ist, bei Bedarf noch etwas Brühe hinzugeben. Ist der Reis dann so gut wie gar, die Muscheln, Gambas **(diese einmal wenden!)** und/oder die Tintenfischtuben auf den Reis geben, sie garen durch die Hitze in ein paar Minuten.

6. Die Paella mit Zitronenspalten servieren.

GEREIZT, NERVÖS UND SCHLECHT GELAUNT? HIER KANN DIE NUDEL WUNDER WIRKEN! OB IM BUTTER-PARMESAN-SCHMELZ ODER MIT SALSICCIA: NUDELN SCHENKEN NERVENKRAFT UND LASSEN DIE SYNAPSEN FREUDIG JAPSEN!

NUDELIGES FÜR DIE NERVEN

SPAGHETTI — CARBONARA

FAMILY MEAL hieß das Personalessen, das es jeden Tag in Gordon Ramsays Restaurant gab, in dem ich damals arbeitete. Das Essen für die Kellnerinnen und Kellner, die Sommeliers, die Spüler, die Rezeptionistin, den Restaurantmanager, die Küchenchefin – und für uns Köche. Um Punkt 17 Uhr wurden die Edelstahlwannen mit dem Essen auf den Tresen im Gastraum gestellt, dazu Teller und Blechbesteck. Nicht das gute, das für die Gäste, das schon von den Kellnern poliert worden war, die dabei weiße Baumwollhandschuhe trugen. Jeden Tag war einer von uns Köchen damit betraut, sich um das Personalessen zu kümmern. Und wenn der Italiener Marco dran war, der sanfte Riese aus Bari, freute ich mich immer schon den ganzen Tag auf das Essen von ihm.

MARCO WAR EIN ZWEIMETERMANN MIT HORNBRILLE UND DEN FREUNDLICHSTEN BRAUNEN AUGEN, DIE MAN SICH VORSTELLEN KANN – DIE MANCHMAL IN TRÄNEN SCHWAMMEN. DENN WENN DER STRESS IN DER KÜCHE WIEDER ZU GROSS WAR, DIE ANDEREN JUNGS WIE PITBULLS TOBTEN UND MIT GEMEINHEITEN UM SICH WARFEN, ROLLTEN DEM GEFÜHLSMENSCHEN MARCO ZUWEILEN EIN, ZWEI TRÄNEN DIE WANGEN HERAB, WÄHREND ER SEINE BRIOCHE AUS DEM OFEN HOLTE ODER DIE TARTE AU CHOCOLAT.

Marco arbeitete damals gerade auf der Pâtisserie-Station. Big Dog nannten sie ihn, die anderen, ranghöheren Köche, nicht unfreundlich, wenn sie gut drauf waren. Aber sie waren nicht immer gut drauf. Marco war „commis chef", ein Koch im niedrigsten Rang, so wie ich, und ein „commis" hat Eitelkeit, Ego und Widerspruchsgeist an der Küchentür abzugeben – oder er schluckt sie herunter. An schwierigen Tagen, wenn viel zu schlucken war, machte Marco oft für uns alle seine Spaghetti Carbonara, als Italiener natürlich ohne Sahne, nur mit dem gequirlten Ei, das sich mit dem Fett aus dem Speck wie ein Trostmäntelchen um die Nudeln legte. Eine köstliche, schmelzende Schicht um die Pasta – und um unser aller Gemüt, wie mir schien, denn Marcos Carbonara machte uns beim Essen wieder alle friedlich und ruhig.

SPAGHETTI — CARBONARA

(FÜR 4 PERSONEN)
Salz
400 g Spaghetti
150 g Speck (die Italiener nehmen am
liebsten Guanciale, Schweinebacke, aber
natürlich tut es jeglicher Speck)

nach Belieben 1 Knoblauchzehe (um den
Knoblauch in der Carbonara tobt ein Glau-
benskrieg, viele halten ihn für einen Frevel.
Marco verwendete ihn, ich auch)
etwas Olivenöl
2 Eier
2 Eigelb
80 g Pecorino Romano (oder Parmesan)
schwarzer Pfeffer

1. Wasser in einem großen Topf zum Kochen bringen, salzen, **Faustregel: ein gestrichener Esslöffel pro Liter. Grundsätzlich gibt man kein Öl ins Nudelwasser.** Das würde sich um die Pasta legen, die dann eine Soße weniger gut aufnimmt. Spaghetti ins Wasser geben.

2. In der Zwischenzeit Speck in Würfel oder in „lardons", dicke Streifen, schneiden. Öl in einer Pfanne heiß werden lassen, Speck – und nach Geschmack – die geschälte, angedrückte Knoblauchzehe hineingeben. Sanft erhitzen – wir wollen hier keine starken Röstaromen, sondern ganz sanfte Noten.

3. Eier und Eigelb kräftig verquirlen, geriebenen Pecorino oder Parmesan zugeben, verrühren.

4. Die al dente gegarten Spaghetti abseihen, sie in die von der Flamme genommene Speckpfanne geben, aus der vorher der Knoblauch entfernt wurde. Die Spaghetti im Speck ein, zwei Minuten immer wieder wenden, sodass sie ein wenig abkühlen und die Ei-Käse-Masse, die wir jetzt darüber geben, nicht stockt, sondern sich mit dem Speckfett zusammen wie ein Film um die Nudeln hüllt. Mit Pfeffer würzen, **Salz ist wegen des Specks und des Käses meist nicht nötig.**

PASTA FERRARI — MIT SALSICCIA

WENN ES BEI UNS in der Londoner Restaurantküche von Gordon Ramsay mal wieder hoch herging, wenn wir kaum hinterherkamen mit der „mise en place" für den Abend – mit dem Vorbereiten der Fonds, der Zwiebel-, Meerrettich-, Fenchelpürees, des Zitronengrasschaumes für die Chantenay-Melonensuppe, der Vielzahl von Emulsionen (mit Zitronenverbene, Anchovis, Bärlauch), der eingelegten Minikarotten, der Milchmandeln, der Stäbchen aus Entenconfit, mit hauchdünnen Kartoffelbändern umwickelt, der Passionsfrucht- und Brombeergeleesphären oder was auch sonst jeder noch auf seiner Liste hatte –, wenn wir im Akkord schufteten, weil sich für den Abend ein riesiger Gästeansturm angekündigt hatte oder weil uns ein Koch abhandengekommen war (so etwas gab es immer wieder, da man auf normalem Weg eigentlich nicht kündigen konnte, da blieb nur die Flucht). Wenn wir also mit von Panik geweiteten Augen gegen die tickende Uhr arbeiteten, dann war klar, was es an solchen Stresstagen für die Köche und Kellner als Personalessen geben würde: Hochgeschwindigkeitsspaghetti. Die von allen sogenannte Pasta Ferrari, ein Nudelgericht, das so rasend schnell gemacht ist, wie ein Ferrari fährt: Tomatensoße, Chili. Nudeln ins Wasser, Boxenstop, weiter geht's, wrummm. Ich mache mir die Pasta Ferrari immer noch gern, auch unter weniger extremen Bedingungen. Die Pasta ist innerhalb kürzester Zeit fertig, gibt Kraft, nährt die Nerven, schenkt Zeit, weil sie so gut wie keine verbraucht.

Und schmeckt super, wenn man noch eine entscheidende Zutat hinzufügt.

ITALIENISCHE SALSICCIA NÄMLICH, DIESE GROBE BRATWURST AUS FETTIGEM SCHWEINEFLEISCH, DAS MIT ROTWEIN, ZWIEBELN, SCHWARZEM PFEFFER UND, JE NACH ART, MIT ROSMARIN, CHILI ODER FENCHEL GEWÜRZT IST.

So eine wunderbare Wurst gab es früher in unserer Kleinstadt zu kaufen, eine original italienische Salsiccia aus bayerischen Schweinen, die unser Metzger geschlachtet und dann zu Salsicce gewurstet hatte. Er war mit einer Italienerin verheiratet, sie kam aus einer Metzgerfamilie aus der Maremma, und ihr Vater hatte ihr das über Generationen weitergegebene Geheimrezept für die Salsiccia vermacht. Diese Würste waren legendär, leider gibt es die Metzgerei nicht mehr.

Wer das Glück hat, auf eine gute Salsiccia-Quelle zu stoßen, sollte ordentlich zuschlagen, die Würste halten im Kühlschrank locker drei, vier Wochen. Gut ist es, seine Vorräte zu füllen. Dann ist man allzeit bereit für eine solche mit Wurst hochfrisierte Pasta Ferrari, die ganze Freundesrunden beim Spontanbesuch glücklich macht. Aber auch einen selbst, im Schlafanzug, nachts um halb zwei.

PASTA FERRARI — MIT SALSICCIA

(FÜR 4 PERSONEN)
1 Zwiebel
1 Knoblauchzehe
6–8 Salsicce, je nach Größe
1 EL Olivenöl
ca. 100 ml Rotwein
1 Dose pürierte Tomaten (ca. 400 g)

1 Chilischote
Salz
400 g Spaghetti
4–5 Petersilienzweige
schwarzer Pfeffer aus der Mühle
Parmesan am Stück, zum Darüberreiben

1. Zwiebel und Knoblauch schälen, fein würfeln.
2. Salsicce leicht an ihren Pellen einschneiden, die Pellen vom Brät abziehen, in einer Pfanne Olivenöl erhitzen, das Brät grob in der Pfanne zerteilen, im Öl krümelig anbraten. Aus der Pfanne nehmen.
3. Zwiebel und Knoblauch im Salsicciafett andünsten. Chilischote sehr fein schneiden.
4. Brät wieder zu Zwiebeln und Knoblauch in die Pfanne geben, mit Rotwein, Tomaten, Chili aufkochen, 8–10 Minuten köcheln lassen.
5. In der Zwischenzeit Wasser salzen und kochen, Spaghetti al dente garen, abgießen.
6. Petersilienblättchen vom Stängel zupfen, grob hacken, in die Soße rühren. Mit Salz und Pfeffer abschmecken. Spaghetti unter die Soße mischen und mit geriebenem Parmesan anrichten.

FETTUCCINE — ALFREDO

NUR ZWEI ZUTATEN ergeben eine Soße, die ihresgleichen sucht: elegant in ihrer Schlichtheit und reichhaltig beladen mit den Aromen von Parmesan und Butter. Mehr braucht es nicht zur ikonischen Alfredo-Soße, die weltberühmt ist – und wirklich unglaublich einfach.

Erfunden wurden die Fettuccine Alfredo im Jahr 1908 vom Koch Alfredo di Lelio in seiner kleinen Trattoria in Rom. Alfredos Frau Ines war von der Geburt des gemeinsamen Sohnes Armando geschwächt, sie kam einfach nicht mehr auf die Beine. Und Alfredo sorgte sich. Er ging das Problem als Koch an. In der Art des „mangiare in bianco" (in Weiß essen), bereitete er seiner Frau eine, wie er sich dachte, leichte, helle Speise. So wie es damals in Italien bei Krankheit üblich war. Man ging davon aus, dass alles Helle auch leicht verdaulich sei. Alfredo machte seiner Frau eine einfache Pasta mit Butter und Parmesan.

UND WEIL ER SEINE FRAU SO LIEBTE UND ES GANZ BESONDERS GUT MEINTE, GAB ER ORDENTLICH BUTTER ZU SEINEN FETTUCCINE, DEREN STÄRKE SICH IM KOCHWASSER GELÖST HATTE UND ZUSAMMEN MIT DER BUTTER UND DEM KÄSE ZU EINER WUNDERVOLL SCHMELZENDEN EMULSION VERBAND.

Der Rest ist Küchengeschichte: Ines liebte das Gericht und war bald wieder voller Energie. Alfredo setzte es auf die Karte – und als die beiden Hollywoodstars Mary Pickford und Douglas Fairbanks während ihres Honeymoons in Alfredos lauschiger Trattoria in der Via della Scrofa die in himmlischer Butterigkeit gebadeten Fettuccine Alfredo aßen, waren sie begeistert. Sie erzählten später in Hollywood von den Zaubernudeln, wo man sofort versuchte, die Wunderspeise nachzukochen. Fälschlicherweise oft mit Sahne, denn keiner kannte das Geheimnis für den Schmelz der Soße. Bei einem ihrer späteren Rombesuche schenkte das Glamourpaar dem inzwischen berühmten Alfredo einen goldenen Löffel und eine goldene Gabel mit der Aufschrift: „To Alfredo, the King of the Noodles". Und weil Alfredo nicht nur der König der Nudeln, sondern auch der Inszenierung war, bereitete er das Gericht für seine Gäste hinfort direkt am Tisch zu, mit ausgreifenden Bewegungen und opernhaftem Ernst – unter Benutzung des goldenen Bestecks. Wir kochen heute Alfredos Nudeln, zwar ohne goldenen Löffel, aber nach dem Originalrezept – und mit dem Trick, der die Butter und den Parmesan in die herrlich butterige Emulsion veredelt, in die sich jede Nudel hüllt.

FETTUCCINE
— ALFREDO

(FÜR 4 PERSONEN)
400 g Fettuccine
Salz
120 g Butter
180 g Parmesan, fein gerieben
Pfeffer

1. Fettuccine in Salzwasser kochen. **Der Trick dabei ist, nicht allzu viel Wasser und einen kleineren Topf als sonst beim Pastakochen zu nehmen. Je weniger Wasser, desto höher der Stärkegehalt.**

2. Die Hälfte der Butter in einer großen Pfanne schmelzen, die Nudeln direkt, tropfnass – ohne sie durch ein Sieb zu seihen, das Nudelwasser nicht weggießen, wir brauchen es –, am besten mit einer Küchenzange, zu der Butter in die Pfanne geben. Die Hälfte des Parmesans darauf verteilen. Vorsichtig unter Hitze alles miteinander vermengen, etwas vom stärkehaltigen Nudelwasser zugeben.

3. Die zweite Hälfte der Butter und des Parmesans zugeben, eventuell noch etwas heißes Nudelwasser. **So lange sacht rühren und unterheben, bis die Soße ihren cremigen Schmelz erreicht hat.** Salz ist wegen des Parmesans wahrscheinlich nicht mehr nötig. Mit Pfeffer würzen. Und, falls gewünscht, mit Parmesan bestreut servieren.

PELMENI

___

DIE LÄNGSTE ZUGFAHRT meines Lebens war die Fahrt
mit der Transsibirischen Eisenbahn von Moskau über Irkutsk in
die Mongolei, durch die Wüste Gobi, durch Grassteppen, dann
an der Großen Mauer entlang und über die Grenze nach China,
nach Peking. Tage, Nächte, Tage, Nächte und Tage dauerte sie, ich
kann mich noch so gut an das Rattern der Räder erinnern, das
mich in den Schlaf geleitet hat und auch wieder heraus, draußen
zogen Wälder vorbei und abgeerntete Felder, Industrievorstädte,
dann wieder Birken, Birkenwälder, Hunderte von Kilometern lang,
die schlanken weißen Stämme schwarz gestreift und getüpfelt,
die heiligen Bäume der Slawen. An den Bahnhöfen drängten sich
Bäuerinnen vor den Zugfenstern, die Nüsse verkauften, in Plastik-
tüten verpackte, sauer eingelegte Gurken mit Dill oder russische
Piroschki, Hefeteigtaschen, gefüllt mit Ei, Lauch und Kartoffeln.
Im Zug trank man Tee, literweise, das heiße Wasser kam aus dem
Samowar, der im Gang eines jeden Zugwaggons stand. Ich hatte
mir außer ein paar Äpfeln so gut wie keinen Proviant mitgenommen, anders als meine russischen Mitreisenden, die schon kurz
hinter Moskau ganze Laibe Brot, Räucherfisch und Dauerwürste
auspackten. Schon am Abend des zweiten Tages gab es im Spei-
sewagen nichts mehr zu bestellen, alles war aus, außer Wodka,
„voda" heißt Wasser, „vodka" Wässerchen, das „sto gramm", also
hundertgrammweise angeboten wurde. Am dritten Tag gab es auch
keine Piroschki oder Gurken mehr zu kaufen, weil wir irgendwann
eigentlich nicht mehr hielten, die endlosen Weiten Sibiriens hatten
begonnen. Ich war schrecklich hungrig. Der Zug fuhr von Moskau
3 Tage und 16 Stunden durch 5 Zeitzonen, über 5000 Kilometer bis
nach Irkutsk in Sibirien. Paris des Ostens nennt sich die nicht allzu
große Stadt stolz. Als ich am Irkutsker Zuckerbäckerstil-Bahnhof
ausstieg, war mir minutenlang schwindlig auf dem festen Grund
des Bahnsteigs, ich fühlte mich wie nach einer langen Schifffahrt,
alles wankte und schwankte.

ICH LIESS MICH MIT DEM MENSCHENMEER NACH DRAUSSEN SPÜLEN, DURCH DIE STRASSEN UND GASSEN, WO MICH EIN SCHARFER WIND UND SIBIRISCHE KÄLTE, ABER AUCH EINE STRAHLEND HELLE OKTO-BERSONNE EMPFINGEN, DIE DIE BUNT BE-MALTEN HOLZHÄUSER VON IRKUTSK UND DIE BLAU-WEISSEN ZWIEBELTÜRME DER KATHEDRALE BESCHIEN.

Ich hatte weder einen Stadtplan noch eine Idee, wo ich hinwollte, aber rasenden Hunger – und landete doch, wie von Zauberhand geführt, direkt vor der Tür eines Restaurants, aus dem es herrlich duftete. Es war eingerichtet wie ein Wohnzimmer, urgemütlich, warm, mit alten Grammofonen und Schreibmaschinen dekoriert. Ich bestellte Pelmeni, die kleinen sibirischen Fleischtäschchen, die bald, dampfend auf bunten Tellern, serviert wurden. Ich stürzte mich auf sie, übergoss sie mit flüssiger Butter, die mit ein wenig Essig aromatisiert war. Klatschte löffelweise „smetana", saure Sahne, darauf, schob mir diese handgeformten Herrlichkeiten gabelweise in den Mund, drückte den weichen Nudelteig an meinen Gaumen, bis die Pelmeni platzten und ihre herzhafte Fleischfüllung preisgaben. Wieder und wieder bestellte ich, bis ich schließlich satt und unendlich zufrieden in die Polster meines dunkelgrünen Samtsessels sank. Und ich weiß nicht, wann mir jemals ein Essen wieder so unglaublich gut geschmeckt hat wie diese Pelmeni, an jenem strahlenden, kalten Oktobertag in Irkutsk, Sibirien.

PELMENI

—

(FÜR 4 PERSONEN)
350 g Mehl
1 Ei
125–150 ml Wasser
1 TL Salz
1 Zwiebel
1 EL Butter

500 g Hackfleisch, halb Rind, halb Schwein
Salz
weißer Pfeffer, gemahlen
1 Lorbeerblatt
6 EL Butter
½–1 EL Essig
250–300 g Schmand oder saure Sahne
1 Handvoll Petersilie

1. Mehl, Ei, Wasser und Salz zu einem geschmeidigen Teig verkneten, in Frischhaltefolie gehüllt 30 Minuten kühl stellen.

2. Zwiebel würfeln, in 1 EL Butter andünsten, etwas abkühlen lassen, mit dem Hackfleisch verkneten und mit Salz und Pfeffer würzen.

3. Teig in drei oder vier Portionen teilen, diese sehr dünn ausrollen (mit dem Nudelholz oder der Nudelmaschine). Mit einem Glas Kreise von etwa 7 cm Durchmesser ausstechen, jeweils 1–2 TL der Füllung darauf verteilen, Ränder mit etwas Wasser befeuchten, zum Halbkreis verschließen, und die beiden Enden miteinander verkleben. 2 l Salzwasser mit dem Lorbeerblatt zum Kochen bringen, Pelmeni portionsweise kochen, **sie sind gar, wenn sie an die Wasseroberfläche aufsteigen.**

4. 6 EL Butter mit etwas Essig in einer Pfanne erwärmen, leicht salzen, fertige Pelmeni darin schwenken, mit Schmand und Petersilie servieren.

KÄSSPÄTZLE
—

ICH HABE IM KINDERGARTENALTER viel Zeit bei meiner besten Freundin verbracht, die zwei Häuser weiter in unserer kleinen Straße wohnte. Wir bestempelten Kalender mit Kartoffeldruck, malten Bilder, dachten uns Geschichten aus oder spielten Kinderpost. Aber all das entfaltete nicht im Ansatz den Glanz, den der tägliche Höhepunkt im Haus meiner Freundin versprach: das Essen, zu dem ich meist bleiben durfte. Ich liebte diese Mahlzeiten und fieberte immer schon darauf hin! Denn es gab dort deutlich interessantere Sachen als bei uns daheim, wo meine böhmische Oma fast jeden Tag Mehlspeisen für unsere achtköpfige Großfamilie kochte: Serviettenknödel, Liwanzen, böhmisches Kraut. Zwei Häuser weiter jedoch wurde ganz anderes gegessen, exotische, aufregende Gerichte. Wurstgulasch mit einer Soße aus Essiggurken und Tomatenketchup! Oder Spaghetti, so unwahrscheinlich lange Nudeln! Mit Tomatensoße und diesem herrlich salzigen Pulver aus der Tüte, Parmesan hieß es. Es gab eine Spaghettigabel mit hellblauem Plastikgriff und einer Kurbel zum Aufdrehen der Pasta, es gab Scheiblettenkäse, aus dem wir Herzchen ausstechen durften, Nutella in der Tube, wir malten damit lachende Gesichter auf die frischen, butterigen Pfannkuchen. Und als der Vater meiner Freundin von einer Chinareise zurückkam, bekamen wir beide von ihm hölzerne Essstäbchen, mit denen wir dann Stückchen vom Käsetoast aufpickten. Und nach jedem Essen gab es eine Nachspeise, im Schokoladenpudding war immer etwas versteckt: ein Birnenachtel, ein Stück Schokolade, einmal eine Schlumpfine.
Das Allerbeste war es jedoch, als die Mutter meiner Freundin, die aus dem Allgäu kam, Kässpätzle machte. Darunter konnte ich mir nichts vorstellen: Was waren Spätzle?

ICH LIESS MICH VON DER FREUDIGEN AUFREGUNG, DIE UM DIESES ESSEN HERRSCHTE, ANSTECKEN. KÄSSPÄTZLE SCHIENEN ETWAS GANZ BESONDERES ZU SEIN, EINE KRÖNUNG DER VORHER GEHENDEN HERRLICHKEITEN.

Als ich auf dem Tisch diesen Riesenberg Spätzle in der Auflaufform sah, war ich ratlos. Waren das Nudeln? Und sie waren so blass, diese Spätzle. Wo war bloß die Soße? Und die drehbare Gabel? Doch dann wurden uns die Kässpätzle auf den Teller gegeben, und ich staunte über das Spektakel, das sich bot: diese Käsefäden, die sich vom Teller zu den Lippen und zurück zogen! So etwas kannte ich nicht, so viel Käse hatte ich noch nie zuvor auf einmal gesehen, geschweige denn auf meinem Teller gehabt! Dann die erste Gabel der Kässpätzle in meinem Mund ... ich war beseelt von der Weichheit, der Wärme der Spätzle, deren Teig per Hand mit einer Spätzlereibe zu Knöpfle gehobelt worden war. Und der himmlische, zerlaufene Käse, so würzig und vor allem: so VIEL! Und die Süße der sanft abgebräunten Zwiebeln! Dazu Kopfsalat mit Essig und Öl. Auch heute noch bin ich jedes Mal restlos begeistert, wenn ich Kässpätzle esse. Über diese gigantischen Fluten aus Allgäuer Emmentaler, Bergkäse und Weißlacker. Über diesen vollkommen geiz-, dogma-, vernunft- und vorbehaltsfreien Zugang zum Essen, der der Kässpätzle-Idee innewohnt. Diese Feier der Fülle, diese Großzügigkeit, die Lust an Überfluss und Genuss. Das Sprengen von Dämmen, das fröhliche Pfeifen auf Kilos und Kalorien. Dieses Schmausen und Schmecken im Hier und Jetzt.

KÄSSPÄTZLE

—

(FÜR 4 PERSONEN)
400 g Mehl
Salz
5 Eier
150 ml Milch

150 g Allgäuer Emmentaler, geraspelt
150 g Bergkäse, geraspelt
100 g Weißlacker (als Ersatz Limburger),
in sehr kleine Würfel geschnitten
ca. 1 EL Butter für Butterflöckchen
4 Zwiebeln
1–2 EL Butterschmalz

1. Mehl und 2 TL Salz in einer Schüssel mischen, Eier und Milch zugeben, alles mit einem Kochlöffel gut schlagen, bis der Teig Blasen wirft. Den Spätzleteig ca. 10 Minuten ruhen lassen.

2. In der Zwischenzeit in einem großen Topf 2–3 l Wasser zum Kochen bringen, salzen. Backofen auf 180 Grad vorheizen.

3. Temperatur für das Spätzlewasser zurückschalten, sodass es nur siedet. Spätzlehobel auf den Topf setzen, mit einem Teil des Teiges befüllen, den Schlitten hin- und herschieben, so werden die Spätzle ins Wasser gehobelt. **Kommen sie an die Oberfläche, noch etwa eine halbe Minute ziehen lassen,** dann mit einem Schaumlöffel aus dem Wasser heben und in einem Sieb abtropfen lassen. Mit dem restlichen Teig ebenso verfahren.

4. Die geraspelten und gewürfelten Käsesorten miteinander vermischen, in einer gebutterten Auflaufform jeweils eine Lage Spätzle und eine Lage Käse im Wechsel aufeinanderschichten, bis Käse und Spätzle verbraucht sind. Auf der obersten Lage Butterflöckchen verteilen. Auflaufform für 10 Minuten ins Backrohr geben.

5. Währenddessen die geschälten Zwiebeln in Ringe schneiden und in einer Pfanne mit zerlassenem Butterschmalz langsam anbraten, sie sollen schön golden sein, nicht braun! Zwiebeln leicht salzen.

6. Kässpätzle mit den Schmelzzwiebeln servieren. Dazu passt Kopfsalat mit einer einfachen Essig-Öl-Vinaigrette.

ORANGEFARBENE KAROTTEN
IM GADO GADO, DIE
TRAUMHAFTE TOMATEN-
TARTE IN BEBENDEM ROT, EIN
PASTELLIGES RISOTTO MIT
SÜSS-SAFTIGEN
APRIKOSEN: FARBENFROH
UND SINNLICH ZEIGT HIER
GEMÜSE VIEL GEFÜHL!

GEMÜSE FÜRS GEMÜT

BÄRLAUCHSUPPE — UND THUNFISCH-AUFSTRICH

IM WALD, AM WIESENRAND

oder im Park findet man beim Spaziergang ab Ende März bis Mitte Mai überall Bärlauch – man muss nur der Nase nachgehen, der frische Duft von jungem Knoblauch und das Schnittlaucharoma führen einen direkt zu den zarten, flirrend grünen Pflänzchen mit den delikaten Blättern, die man vorsichtig transportieren und nicht quetschen sollte!

Bärlauch ist, wie wir im Stress oft, hochempfindlich. Werden die Zellwände verletzt, wird das Alliin enzymatisch in Allicin umgebaut. Der dabei entstehende schwefelige Duft überlagert die grasigen Aromen, die den Bärlauch zu einem frischen Frühlingsboten machen.

DESWEGEN SOLLTE BÄRLAUCH ERST DIREKT VOR DER VERWENDUNG GESCHNITTEN, PÜRIERT ODER GERUPFT WERDEN.

In Pesto oder Bärlauchöl halten sich die flüchtigen Aromen länger, weil das Öl

sie einfängt. In dem Restaurant, in dem
ich in London gearbeitet habe, war ich
damals unter anderem für die Bärlauchsuppe zuständig, die Wild Garlic Velouté.
Wichtig war, die schöne, knallgrüne Farbe
zu erhalten, die schon anzusehen eine
Freude macht. Dafür werden die Blätter
nur kurz und besonders schonend erhitzt.
Außerdem war es meine Aufgabe, die Bärlauchblüten, fragile, wunderhübsche weiße
Sterne, in Tempurateig auszubacken, sodass sie noch schneeweiß, aber kross waren
– was mir ziemlich oft misslang. Deswegen
hier nun nur das Rezept für die Suppe, die
mit Gänseblümchen dekoriert kinderleicht
ist. Und zum Süppchen gibt es einen noch
einfacheren Aufstrich aus Frischkäse und
Thunfisch, der mit Bärlauch seinen Früh-
lingsduft verströmt.
Ach, und noch was: Bärlauch schützt
unsere Gefäße. Hilft dem Herzen, wenn
es schwer ist. Grün ist die Hoffnung! Das
Leben bricht sich immer wieder Bahn.
Manchmal zaghaft noch, mit großen Augen
und staksigem Schritt. Doch unbeirrbar.

BÄRLAUCHSUPPE — UND THUNFISCH- AUFSTRICH

(FÜR 4 PERSONEN)

AUFSTRICH:
4 EL Frischkäse
1 kleine Dose Thunfisch, gern in Öl
8–10 Bärlauchblätter
1 Spritzer Zitronensaft
Salz, Pfeffer

SUPPE:
2 Kartoffeln
1 Zwiebel
2 EL Olivenöl
500 ml Gemüsebrühe – selbst gemacht oder aus dem Glas

100 ml Weißwein, wenn keine Kinder mitessen, sonst ein paar Spritzer Zitronensaft
100 ml Milch
150 ml Sahne
2 Handvoll Bärlauch

Wer tatsächlich wissen will, wie man die vertrackten Bärlauchblüten ausbackt, halte eiskaltes Mineralwasser, Eiswürfel, eine Schüssel und einen Schneebesen bereit. 3–4 EL Tempuramehl in die Schüssel sieben, salzen. Reichlich neutrales Öl in einem Topf erhitzen, bis es an einem Holzstäbchen Blasen wirft. Eiswürfel, 3–4 EL Wasser und Tempuramehl (Tempurako) blitzschnell verquirlen, bis ein weißer, zähflüssiger Teig entsteht. (Puristen sagen, dass man das nur mit hölzernen Stäbchen machen darf – ich nahm immer den Schneebesen.) Eiswürfel entfernen, die Blüten am Stängel rasch in den Teig eintauchen und frittieren. **Mit Argusaugen darüber wachen, dass sie keine Farbe annehmen.** Mit einem Schaumlöffel aus dem Fett fischen, auf Küchenkrepp abtropfen lassen, leicht salzen und die grüne Suppe damit krönen.

1. **FÜR DEN AUFSTRICH** Frischkäse, Thunfisch und Bärlauchblätter pürieren. Mit Zitronensaft, Salz und Pfeffer würzen.

2. **FÜR DIE SUPPE** Kartoffeln schälen und in kleine Würfel schneiden. Sie sorgen für die leichte Bindung der Suppe. Wer die Suppe dicker haben möchte, nimmt einfach vier statt zwei Kartoffeln.

3. Zwiebel würfeln, in Olivenöl glasig anschwitzen, dann die Kartoffeln dazugeben. Mit Gemüsebrühe und Weißwein ablöschen.

4. Milch, Sahne und Bärlauch direkt vor dem Servieren der Suppe mit Stand- oder Stabmixer pürieren. Dann erst die heiße Brühe mit den Zwiebeln und Kartoffelwürfeln zugeben, pürieren und salzen. **Wer den Pürierstab nimmt, sollte den Topf von der Flamme ziehen, damit der Bärlauch, der eine Diva ist, möglichst wenig Hitze abbekommt.**

5. Die schaumige Suppe auf Schalen verteilen und mit Gänseblümchen garnieren.

6. Dazu Brot mit dem Aufstrich reichen.

HIRTEN- — TABOULÉ

ICH WAR GERADE FÜNFZEHN, und das älteste bayerische Wirtshaus in unserer Kleinstadt, ein alter, aber urgemütlicher
Kasten mit einem wunderschönen Biergarten, hatte endlich neue
Pächter gefunden. Die neuen Wirtsleute kamen aus der Türkei
und bauten zuallererst einen gemauerten großen Backofen. Sie be-
feuerten ihn mit Holz, backten darin duftende Hefefladen, die sie
entweder nur mit Sesam und Schwarzkümmel bestreuten – oder
mit Hackfleisch belegten und „Türkische Pizza" nannten. Bald duftete es unter den uralten Kastanien nach Kreuzkümmel, Sumach
und Minze.

**DIE TISCHDECKEN AUF DEN BIERTISCHEN
BLIEBEN ROT-WEISS KARIERT, NACH WIE VOR
SASS MAN AN DEN LAUSCHIGEN ABENDEN
AUF BIERBÄNKEN, DER KIES KNIRSCHTE,
WENN DIE KELLNERINNEN BIER, SPEZI
UND, NACH DEM ESSEN, RAKI AUFS
HAUS BRACHTEN.**

Der türkisch-bayerische Biergarten platzte Abend für Abend aus
allen Nähten, der Wirt hatte inzwischen Wasserspiele installiert,
die immer monumentaler wurden: bunte Beleuchtung, römische
Springbrunnen, einen Wasserfall, der in Pamukkale-artig gestufte

Becken schwappte. Wir gingen im Sommer fast täglich nach dem Badesee dorthin, noch den Geruch von Seewasser und Sonnenmilch auf der Haut – und ich aß über all die Sommer meiner Jugend das Gleiche: Çoban Salatası, den türkischen Hirtensalat, der aus Gurke, Tomate, Petersilie und Minze bestand. Und aus dem weichen Schafskäse, der sich mit dem Zitronensaft und dem Olivenöl, mit dem der Salat beträufelt war, zu einer cremig-säuerlichen Soße verband.

Wir machen ein Taboulé, einen Bulgursalat, der eine ähnliche Sommerlichkeit verströmt: Taboulé kommt aus der libanesischen und syrischen Küche und besteht eigentlich nur aus Bulgur, Minze, Tomate und Petersilie. Aber weil ich so schöne Erinnerungen an diesen türkischen Biergarten habe, wird der Bulgursalat von mir zu einem gehaltvolleren und würzigeren Hirtentaboulé verändert, mit Kreuzkümmel, Knoblauch – und Schafskäse. Und ein wenig Harissa. Nicht klassisch – aber köstlich! Und ein tolles Mitbringsel für ein Grillfest.

HIRTEN-
_ TABOULÉ

(FÜR 4 PERSONEN)
200 g Bulgur
1 Knoblauchzehe (oder
2, nach Geschmack!), fein
gehackt
1 TL Harissa, je nach ge-
wünschtem Schärfegrad
mehr
1 TL Kreuzkümmel
Salz

3 EL Zitronensaft
3 Minigurken oder 1 Salat-
gurke, gewürfelt
3 Tomaten oder 8–10 Cock-
tailtomaten, gewürfelt
3 Frühlingszwiebeln, in
Ringe geschnitten
10 Zweige Petersilie, die
abgezupften Blätter in
Streifen geschnitten

5 Zweige Minze, die abge-
zupften Blätter in Streifen
geschnitten
100–150 g Schafskäse,
gewürfelt
3 EL Olivenöl

1. Bulgur mit 400 ml kochendem, leicht gesalzenem Wasser übergießen, 10
   Minuten quellen lassen, mit einer Gabel auflockern. **Man kann etwas Butter
   dazugeben.**
2. Den noch warmen Bulgur mit Knoblauch, Harissa, Kreuzkümmel, Salz
   und Zitronensaft würzen, gut vermengen.
3. Gurke, Tomate, Frühlingszwiebel, die Kräuter und den Schafskäse
   unterheben.
4. Mit Olivenöl beträufeln, abschmecken. **Dazu passt warmes Fladenbrot oder
   geröstetes Baguette – und ein Minz-Joghurt-Dipp** (dafür frische Minze mit
   Joghurt, Salz und etwas Zitronensaft pürieren).

GNOCCHISALAT — MIT TOMATEN UND RADIESCHEN

„BEI NIGEL SLATER", sagte einst ein Kritiker, „sitzt die Erhabenheit der Schöpfung mit am Tisch." Nigel Slater ist Englands großer Kochbuchautor. Ein von den Briten hochverehrter Menschenfreund und scheuer Philosoph, der das Kochen und das Essen zu seinem Thema gemacht hat. Slater interessiert die Form und Schönheit einer Gurke ebenso wie die Wirkung, die Essen auf uns Menschen hat. Er schreibt über die Melancholie am Sommerende, die den kleinen Nigel Slater packte, wenn er vollreife Pflaumen roch.

ABER AUCH VOM SATTEN KRACHEN BEIM BISS IN EIN KNACKFRISCHES RADIESCHEN. UND VOM PRALLEN LEBEN EINES HEISSEN SOMMERS, DAS IN EINER TOMATE STECKEN KANN.

Nigel Slater war ein einsames und trauriges Kind. Nach dem Tod seiner geliebten Mutter, die nicht kochen, aber Toasts buttern konnte, war niemand mehr mit Toast und Liebe für den Jungen da, wie er in seiner Autobiografie „Toast – the Story of a Boy's Hunger" schreibt.

Ein Bestseller, der mit Helena Bonham Carter verfilmt worden ist, die die schrille Stiefmutter des kleinen Nigel spielt. Anders als Nigels verstorbene Mom ist Stiefmutter Joan eine begnadete Köchin. Dennoch vermisst Nigel nichts auf der Welt so sehr wie den leicht angebrannten Buttertoast von seiner Mutter. Auch heute noch liebt Slater warmen Toast – mit kühler Butter. Essen ist Trost und Halt für Nigel Slater, „ein Freund, der einen nie im Stich lässt", schrieb er einmal.

Wir machen einen Express-Salat mit Gnocchi und Radieschen, der fast genauso schnell zubereitet ist wie ein Buttertoast. Nach einem Rezept von Nigel Slater, ein wenig variiert. Wir braten Gnocchi goldbraun an und mischen sie mit süß-fruchtigen Tomaten und knackigen Radieschen. Ein Salat, dessen Besonderheit im befriedigenden Kontrast zwischen den mollig warmen, weichen Gnocchikissen und der Kühle der Tomaten und Radieschen liegt. Fast wie beim warmen Toast mit kalter Butter.

GNOCCHISALAT
— MIT TOMATEN
UND RADIESCHEN

(FÜR 2–3 PERSONEN)

Salz

500 g fertige Gnocchi (Auf der Packung
nachsehen, ob es Gnocchi sind, die noch
gekocht werden müssen – dann dem Rezept
folgen –, oder Gnocchi, die direkt in die
Pfanne können – dann lassen Sie
Schritt 1 aus.)

400 g kleine gelbe und rote Tomaten

8–10 Radieschen

4 Frühlingszwiebeln

1 Handvoll Basilikum

2 Knoblauchzehen

3 EL Olivenöl

40 g Butter

1 Spritzer Zitronensaft

1. Einen großen Topf mit Salzwasser zum Kochen bringen, die Gnocchi hineingeben, zur Oberfläche aufsteigen lassen, mit einem Schaumlöffel herausheben, in einem Sieb abtropfen lassen.
2. Tomaten in Achtel oder Würfel, Radieschen in dünne Scheiben, die Frühlingszwiebeln in Ringe schneiden. In einer Schüssel vermengen, Basilikum hacken, zugeben. **Alles kühl stellen.**
3. Knoblauch schälen, in Scheiben schneiden. Olivenöl in einer großen Pfanne erhitzen und die Butter darin zerlassen. Knoblauch und Gnocchi zugeben, bei kleiner Flamme ca. 8–10 Minuten sanft goldbraun abbraten.
4. Gnocchi auf einer Platte verteilen, die Tomaten-Radieschen-Salsa dazugeben. Sachte salzen, einen Spritzer Zitronensaft zugeben, vorsichtig vermengen.

GADO
_ GADO

ICH HABE GADO GADO zum ersten Mal gegessen, als ich
für eine Reportage auf Bali war. Erschöpft von dem langen Flug,
trat ich aus dem klimatisierten Flughafengebäude. Die Hitze traf
mich wie ein Dampfhammer. Die Luftfeuchtigkeit nahm mir den
Atem. Mir war, als würde ich mich durch Marmelade schieben. Se-
kundenschnell war ich in klebrigen Schweiß gebadet. Um mich war
tobendes Menschengewimmel, lautes Rufen, der Rauch von Nel-
kenzigaretten. Da kam die Nachricht auf mein Handy: Die Frau,
die mich abholen wollte, steckte im Stau, es könne dauern. Ich
hätte am liebsten laut geschrien. Ich kämpfte mich durch die Menge, bis sie sich lichtete. Ging weiter zu den Kiosken, bei denen sich
die Taxifahrer verpflegten. Zu den Warungs, wie die Garküchen
heißen, bei denen die verschiedenen Currys, Hühnerfleischspieße
und Gewürzeier schon als Take-away im Bananenblatt auslagen.
Es roch nach Zimt und Zitronengras, gebratenem Fleisch, nach
Holzkohlenfeuer, gerösteten Erdnüssen und nach etwas Süßem,
das ich nicht einordnen konnte, bis ich die riesigen Jackfruits sah.
Einer der Händler schlug sie gerade mit seiner Machete auf, um sie
in kleinen Portionen zu verkaufen.

**ICH SETZTE MICH AUF EINEN DIESER
WINZIGEN, WACKELIGEN ROTEN PLASTIK-
SCHEMEL AN EINEN PLASTIKTISCH MIT
DEM BINTANG-EMBLEM, DEM LOGO DER
LOKALEN BIERMARKE.**

Ich bestellte etwas zu essen, das erstbeste Gericht, das auf der eingeschweißten Karte stand, ohne zu wissen, was das war: Gado Gado. Die Dämmerung senkte sich herab, die Hitze wurde etwas milder. Dann kam das Gado Gado: eine lauwarme Gemüseplatte. Gemüse, roh und gekocht, nicht spektakulär, weicher Kohl, frische Gurken, samtige Kartoffeln, knackige Karotten, gedünstete Bohnen und gebratener Tofu. Fast ungewürzt. Aber gekrönt von einer köstlichen Erdnusssoße, die nicht scharf war, nicht rabiat, dennoch voller Leben – durch Ingwer, Tamarinde und Chili –, wie das Gewusel mitten im Ankunftsbereich des Flughafens eben. Gado Gado heißt auf Deutsch so viel wie „mischen, mischen" oder auch „Durcheinander". Auf der Straße begaben sich Balinesinnen würdevoll in einer Prozession zum Tempel, jede der Frauen mit einem blütengeschmückten Opferkorb auf dem Kopf. In den Körben waren, das sollte ich später erfahren, Bonbons und Reis für die Götter, mit denen die Balinesen in einträchtiger Nachbarschaft leben. Die Balinesinnen waren unbeeindruckt vom Tosen des Verkehrs, vom Hupen, vom Chaos um sie herum. Es war ein Schreiten wie durch eine andere Dimension. Auch mich erfüllte eine wohltuende Ruhe. Hatte das Gado Gado diese Wirkung, fragte ich mich. Oder erfasste mich langsam die Gelassenheit einer Insel, deren Bewohner nicht einmal mehr vor Monstern und Dämonen Angst haben, weil sie sie mit Bonbons und Reiskuchen zähmen? Egal. Geblieben ist mir Gado Gado als perfektes Rezept für sehr heiße Tage. Und zum Abkühlen eines überhitzten Nervensystems.

GADO
_GADO

(FÜR 4 PERSONEN)
4 Knoblauchzehen
1 daumengroßes Stück Ingwer
2 Stängel Zitronengras
2 EL Sambal Oelek
50 g Zucker
2 Schalotten
3 EL Öl
150 g geröstete Erdnüsse
½ EL Paprikapulver
1 EL Tamarindenpaste

100 ml Kokosmilch
2 Eier
4 Minigurken
2 Karotten
100 g Tofu
etwas Öl zum Anbraten
Salz
1 Handvoll grüner Bohnen
½ kleiner Weißkohl
1 kleine Handvoll Bohnensprossen
2 Kartoffeln

1. Für die Soße Knoblauch, Ingwer, Zitronengras mit Stab- oder Stand-mixer gut vermischen. Sambal Oelek, den Zucker und die klein gewür-felten Schalotten zufügen. **Alles in einer Pfanne bei sanfter Hitze ca. 20 Minuten in 3 EL Öl anbraten.**

2. Erdnüsse mit dem Küchenmesser klein hacken, mit ½ Tasse Wasser in einer Pfanne fünf Minuten sieden lassen. Erdnüsse zur Soße geben. Mit dem Paprikapulver, der Tamarindenpaste und der Kokosmilch mischen.

3. Eier hart kochen, schälen, vierteln oder halbieren. Minigurken der Länge nach vierteln, Karotten in schmale Streifen schneiden. Tofu in Scheiben schneiden, anbraten, salzen.

4. Die Bohnen, Weißkohlblätter und Bohnensprossen kurz blanchieren. Kartoffeln schälen, in Würfel schneiden und weich kochen.

5. Das Gemüse mit den Eiern, dem Tofu und der Soße anrichten.

HESTON'S
— TRIPLE
COOKED
CHIPS

HESTON BLUMENTHAL, der verspielt-geniale Zauberer
Dumbledore unter den Dreisterneköchen, sagt, er sei auf wenig so
stolz wie auf seine perfekten Pommes, seine Triple Cooked Chips.
Und das kann er sein.

Ich liebe Pommes Frites, ganz besonders im Sommer. Nichts weckt
in mir schönere Erinnerungen an meine Kindheitsfreibadsommer
als der Geruch von Chlor, Sonnencreme und Frittiertem. Auch daheim gab es früher Pommes, wenn die großen Ferien begannen. Da
schnitt unsere Oma kiloweise Kartoffeln mit der Hand zu groben
Stäbchen und frittierte sie. Immer wieder kam sie mit einer neuen
Portion krosser Pommes in der emaillierten weißen Blechschüssel
mit dem blauen, angeschlagenen Rand. Leerte sie über unseren
Tellern wie Manna, das vom Himmel fiel. Bei so einem Essen ver-
brauchten wir Kinder zu viert eine Literflasche Ketchup.

Als ich Heston Blumenthals Pommes zum ersten Mal aß – Blumenthal hat nicht nur teure Sternerestaurants, sondern auch den
gemütlichen Pub „The Crown" in Bray, einem malerischen Örtchen
nahe London –, hatte ich das Gefühl, die herrlichen Pommes
meiner Oma zu essen.

Bei Hestons Pommes – Engländer nennen sie Chips – geht es um
Krossheit, so wie bei allen Pommes-Frites-Fanatikern dieser Welt.
Der Silicon-Valley-Nerd und Milliardär Nathan Myhrvold, der
bei Stephen Hawking promovierte und technischer Direktor bei
Microsoft war, ist ein perfektionsgetriebener Hobbykoch und Be-
sitzer einer Fabrikhalle, die er zum Hightechkochlabor hochgerüs-
tet hat. Er hat Experten aus der ganzen Welt eingestellt und treibt
fanatisch Fritten-Studien. Myhrvold erreicht höchste Krossheit, in-

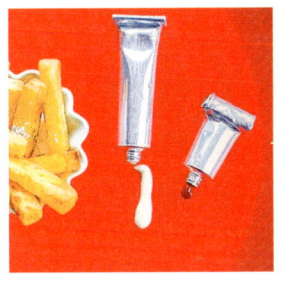

dem er die gekochten Kartoffelstäbchen in ein Ultraschallbad legt, das hochfrequente Schallwellen produziert, die wiederum kleine Bläschen im Wasserbad hervorrufen. Diese schlagen Löcher in die Außenhaut der Fritten, die dadurch rau wird und beim Frittieren superknusprig. Heston macht es einfacher und eleganter: Nachdem er die rohen Kartoffelstäbchen gewässert hat, damit sich ihre Stärke löst, die beim Frittieren dunkel werden kann, kocht er sie 20 Minuten lang in Wasser, bis sie fast zerfallen. Die Außenhaut wird dadurch rissig. Und beim Frittieren – erst bei 130, dann noch mal bei 180 Grad – wird sie so knusprig wie hauchdünnes Glas.

ZWISCHEN DEN EINZELNEN ARBEITSSCHRITTEN PACKT HESTON SEINE TRIPLE COOKED CHIPS (EIN MAL GEKOCHT, ZWEI MAL FRITTIERT) NOCH INS GEFRIERFACH, FÜR JEWEILS EINE STUNDE.

Das tun wir nicht, genauso wenig, wie wir uns den Stress mit einem Thermometer antun. Wir machen's Pi mal Daumen. Und nehmen uns lieber die Zeit, um noch zwei schnelle, aber wunderbare Begleiter anzurühren, die die englischen Heston-Chips zu „Pommes Schranke" eindeutschen. Nämlich ein Rauchpaprika-Ketchup und eine Limetten-Mayo. Alles zusammen dauert nicht länger als eine halbe Stunde. Und jede einzelne Minute ist gut investiert, denn diese Pommes schmecken wunderbar. Nach Sommer, Sonne, Freibadglück.

HESTON'S — TRIPLE COOKED CHIPS

(FÜR 4 PERSONEN)
1 kg festkochende Kartoffeln
1 l raffiniertes Sonnenblumen-, Raps- oder Erdnussöl
5 EL Mayonnaise
1 Biolimette

5 EL Ketchup
1 TL gemahlener Kreuzkümmel
2 TL Pimentón de la Vera oder jedes andere Rauchpaprikapulver
Salz

1. Kartoffeln schälen, in pommesgroße Stäbchen schneiden, etwa fingerdick. In eine Schüssel mit kaltem Wasser geben, ein paar Minuten wässern lassen.
2. In der Zwischenzeit Wasser in einem Topf zum Kochen bringen, salzen. Die Kartoffelstäbchen 20 Minuten sanft köcheln lassen.
3. In der Zwischenzeit die Soßen zubereiten: Mayonnaise mit 1 EL Limettensaft und -abrieb verrühren, Ketchup mit Kreuzkümmel und Pimentón de la Vera verrühren.
4. Öl in einem Topf erhitzen. **Es hat die perfekte Temperatur für den ersten Frittiergang, wenn der Stiel eines Holzkochlöffels, in das Öl gehalten, ganz zarte Bläschen wirft.**
5. Pommes ca. 5 Minuten frittieren (je nach Topfgröße und Ölmenge gibt man die Pommes entweder gesamt oder in kleineren Mengen nach und nach in das Öl). Aus dem Fett heben, auf Küchenkrepp abtropfen lassen.
6. Die Temperatur des Fettes auf 180 Grad erhöhen. **Der Holzstiel wäre jetzt von blubbernden Bläschen wild umzingelt.**
7. Pommes in etwa 3 Minuten goldbraun frittieren. Wenn es länger dauern sollte, Temperatur höher einstellen. Denn dann drücken die kühleren Pommes die Fetttemperatur zu sehr nach unten, sodass mehr Hitze benötigt wird.
8. Pommes aus dem Fett heben, salzen und mit den Soßen im Pommes-Schranke-Style anrichten.

TIPP:
Das Öl kann mehrmals verwendet werden, wenn man es durch ein mit Küchentuch ausgelegtes Sieb passiert, sodass die Schwebstoffe aufgefangen werden. Mittels eines Trichters dann in eine abgetönte Flasche (etwa eine grüne Mineralwasserflasche oder braune Bügelverschlussflasche) füllen. Das Öl kühl und dunkel lagern.

FRÜHLINGSFRITTATA — MIT ERBSEN UND FRISCHEM MAJORAN

IM MAI WIRD ES nach sonnigem Frühlingswetter mit fast sommerlicher Wärme oft schlagartig wieder so kalt, dass man daheim die Heizung aufdrehen muss. Dieser Kälteeinbruch, der fast jedes Jahr in der Monatsmitte vorkommt, fällt in den Bauernkalendern auf die Eisheiligen. „Pankrazi, Servazi und Bonifazi // sind drei frostige Bazi. Und zum Schluss fehlt nie: // die Kalte Sophie."

ZWISCHENDRIN REISST DER HIMMEL ALLERDINGS IMMER WIEDER AUF, STRAHLEND UND HELL, SODASS MAN WEISS: ES IST JA MAI!

Wechselhaftes Wetter ist wie der Majoran, denn der Majoran wechselt je nach Aggregatzustand sein Geschmacksbild wie ein Chamäleon die Farbe. Getrocknet wirkt er winterlich, harmoniert mit Wildfleisch, Ente oder Bratkartoffeln. Dann ist Majoran würzig, harzig, aromatisch, holzig. Und passt so perfekt in eine Brat- und Leber-

wurst, dass diese ohne ihn kaum denkbar ist. Majoran heißt im Volksmund deshalb auch Wurstkraut, Bratenkräutel, Kuttelkraut. Der frische Majoran hat mit seinen zarten, jungen Blättern jedoch noch ein anderes, ein subtiles, graziöses Aromenspiel zu bieten – wie ein Frühlingsflirt. Die ätherischen Öle des frischen Krauts, die sich beim trockenen Majoran verflüchtigt haben, sind blumig, zitrus-kiefernartig, flirrend, minzig.

Wir machen heute eine Eierspeise. Eine leichte Frittata mit jungen grünen Erbsen, mildem Schafskäse – und zarten Majoranblättchen, die ihr sanfte Würze und gleichzeitig luftige Munterkeit verleihen. Übrigens soll Aphrodite, die Göttin der Liebe und Schönheit, den Majoran als Symbol für die Glückseligkeit bezeichnet haben. Weswegen sich im alten Griechenland frisch getraute Paare mit Majorangirlanden schmückten. Und auch das passt doch ganz wunderbar zum schönen Monat Mai.

FRÜHLINGSFRITTATA
— MIT ERBSEN UND FRISCHEM MAJORAN

(FÜR 4 PERSONEN)

200 g junge Erbsen – frisch oder tiefgekühlt

300 g junge Kartoffeln

50 g Butter

10 Zweige frischer Majoran

1 Knoblauchzehe

2 Schalotten

½ EL Olivenöl

6–7 Eier, je nach Größe

150 ml Sahne

Salz

Pfeffer

150 g Schafskäse, gewürfelt

1. Ofen auf 180 Grad Umluft vorheizen. Frische Erbsen palen (also aus den Hülsen lösen) und blanchieren oder Tiefkühlerbsen in einem Sieb mit kochendem Wasser überbrühen. Kartoffeln schälen, in kleine Würfel schneiden, in kochendem Wasser in wenigen Minuten (nicht ganz) weich kochen. **Das geht schnell, weil sie so klein sind.**

2. Butter sanft in einer Pfanne schmelzen, sie soll nicht bräunen. Zwei ganze Zweige Majoran und eine angedrückte Knoblauchzehe in der warmen Butter ziehen lassen. Quiche- oder Auflaufform mit einem Teil der flüssigen Majoranbutter auspinseln (Majoranzweige und Knoblauchzehe entsorgen). Den Rest über die Kartoffelwürfel geben.

3. Schalotten fein hacken, in etwas Olivenöl glasig dünsten. Wer mag, gibt noch eine sehr fein geschnittene Knoblauchzehe hinzu.

4. Eier und Sahne in einer Schüssel verquirlen, mit Salz und Pfeffer würzen, die Blättchen des übrigen Majorans sowie die gedünsteten Schalotten und den Knoblauch zugeben.

5. Kartoffelwürfel, Erbsen und gewürfelten Feta in der Quicheform verteilen, die Eiersahne angießen. Die Frittata in 20–30 Minuten goldbraun backen. Dazu passt grüner Salat. **Die Frittata lässt sich wunderbar aufheben und schmeckt am nächsten Tag vielleicht sogar noch besser, weil dann alle Aromen einander durchdrungen haben.** Sie schmeckt auch kalt, deswegen ist es keine schlechte Idee, das Rezept zu verdoppeln.

RISOTTO MIT APRIKOSEN, GORGONZOLA UND WEISSER SCHOKOLADE

IN DIE INTERNATIONALE KÜCHENGESCHICHTE
ist folgende Anekdote eingegangen: Heston Blumenthal, Patron
des Restaurants Fat Duck, Dreisternekoch und Pionier des Foodpairing, suchte für schwarzen Kaviar eine besondere Begleitung.
Und gab, während er in seiner Küche überlegte, ein paar Kaviar-
körnchen auf weiße Schokolade. Er führte sie zum Mund und
war begeistert von der Aromen-Explosion. Doch auf eines wusste
Blumenthal keine Antwort: Warum passte weiße Schokolade zu
Kaviar? Überhaupt: Woher kommt es, dass eine Zutat zur anderen
passt? Schon immer gibt es die klassischen Paarungen – wie Ei
und Spinat, Lachs und Gurke, Tomate und Basilikum, oder Birnen,
Bohnen und Speck. Das Wissen um diese Kombinationen beruhte
auf Intuition und Überlieferung. Doch das reichte Blumenthal
nicht. Zusammen mit dem Parfümeur und Chemiker François
Benzi, der einen ähnlichen Aha-Moment erlebte, als er in seinem
Garten an einem Strauch voller Jasminblüten das Unteraroma von
Leber erschnupperte, wollte er der Frage, warum sich manche Zutaten so gut miteinander kombinieren lassen, wissenschaftlich auf
den Grund gehen. Aromen bestehen aus Duftmolekülen, die man
in Gruppen ordnen kann. So wirken beispielsweise die Moleküle
der Gruppe der Alkohole blumig, frisch und kräuterig, die Moleküle der Gruppe der Ketone wiederum riechen wachsartig, fettig.
Solche Moleküle finden sich in Butter, Käse und Ricotta. Dann gibt
es die Schwefelverbindungen, die stechend und senfölig riechen.
Sie sind in Lauch, Zwiebel, Senf und Knoblauch enthalten. Oder

die Gruppe der Aldehyde, die frisch, würzig und grün anmuten. Benzi stellte fest: Lebensmittel und Gewürze passen dann am besten zusammen, wenn sie sich in ihren sogenannten Schlüsselaromen ergänzen – oder diese teilen, chemisch nachweisbar. Blumenthal und Benzi weiteten ihre Forschung aus, schufen noch mehr ungewöhnliche Paarungen. Eine der berühmtesten ist das Zusammenspiel von Lachs und Lakritze. 1992 machte Blumenthal seine bahnbrechende Entdeckung – die heute unter dem Begriff Foodpairing, dem Tinder der Aromen, in aller Munde ist.

FOODPAIRING IST EIN UNERSCHÖPF-LICHES THEMA: MEHR ALS 10 000 AROMEN GIBT ES – UND DAMIT MILLIO-NEN UND ABERMILLIONEN VON NOCH UNERFORSCHTEN KOMBINATIONS-MÖGLICHKEITEN.

Wir kochen Risotto mit Gorgonzola und Aprikosen. Geben ein wenig weiße Schokolade hinzu. Und freuen uns über das Wunder des Verschmelzens, die Hochzeit von Gorgonzola und weißer Schokolade. Eine Traumkombi, die im Foodpairing-Himmel alle Glocken läuten lässt. Begleitet von der Süße der Aprikosen, geerdet vom harzigen Rosmarin. Probieren Sie dieses Rezept, sie werden es lieben! Wissenschaftlich garantiert!

RISOTTO
— MIT APRIKOSEN, GORGONZOLA UND WEISSER SCHOKOLADE

(FÜR 4 PERSONEN)
4–5 getrocknete Aprikosen
3 kleine Zweige Rosmarin
3 frische Aprikosen
25 g weiße Schokolade
150 g Gorgonzola dolce
1 Schalotte oder kleine Zwiebel
Olivenöl

800 ml Hühnerfond
250 g Risottoreis
150 ml Weißwein (wenn keine Kinder mitessen, sonst 150 ml mehr Fond)
30 g geriebenen Parmesan
Salz
1 EL Butter

1. Die getrockneten Aprikosen fein würfeln. Die Nadeln von den Rosmarinzweigen abzupfen und so fein wie möglich schneiden. Die frischen Aprikosen in kleine Würfel schneiden. Schokolade in kleine Stücke brechen. Gorgonzola grob würfeln. Alles beiseitestellen.

2. Schalotte oder Zwiebel sehr fein würfeln, in einem Topf mit Olivenöl glasig anbraten. Den Hühnerfond kurz aufkochen lassen. Reis zu den Schalotten geben, rühren, glasig anschwitzen. Mit Wein ablöschen, Wein verdampfen lassen. Die getrockneten Aprikosen **(die frischen kommen später!)** und den Rosmarin zum Reis geben sowie einen Teil des heißen Fonds. **Rühren, am besten mit einem Holzlöffel, Metall verletzt die empfindlichen Reiskörner.** Der Fond sollte deswegen heiß sein, damit die Temperatur beim Kochen konstant bleibt und der Reis seine Klebeeigenschaften entfalten kann.

3. Unter regelmäßigem Rühren **(dabei reiben die Reiskörner aneinander, Stärke löst sich, das Risotto wird schön cremig)** immer wieder so viel vom Fond nachgießen, dass der Reis gerade davon bedeckt wird. Unter Rühren in etwa 20 Minuten bei kleiner bis mittlerer Hitze weich köcheln lassen. Zum Ende hin immer wieder probieren, ob der Reis gar ist. Etwas Biss soll er noch haben.

4. Weiße Schokolade, Parmesan und Gorgonzola zum Risotto geben, gut vermengen. Salzen. Zuletzt die frischen Aprikosenstückchen unterheben. Ganz am Schluss die Butter unterrühren. Wer will, gibt als Farbtupfer noch ein paar Pistazien darauf.

FÜR GÄSTE
— VORBEREITEN

Risotto kann man auch gut vorbereiten – und erst, wenn die Gäste da sind,
ganz rasch in der Küche fertigstellen:
Dazu wird einfach der Garprozess
unterbrochen. Risotto bis einschließlich
Punkt 3 zubereiten, aber schon nach
ca. 15 Minuten, bevor der Reis vollständig gar ist, von der Flamme nehmen.
Auf ein kleines gekühltes Blech (oder
einen großen flachen Teller) streichen,
sodass der Reis rasch abkühlt und nicht
mehr nachgart. Mit Folie abdecken,
kühl stellen. Sind die Gäste da, kommt
das Risotto wieder in einen Topf und
ist (weiter ab Punkt 3) in fünf Minuten
fertig!

SOMMER — TOMATEN- TARTE

TIGERELLA, GRÜNES ZEBRA und Blondköpfchen heißen sie etwa, die alten Tomatensorten, die auf dem Tomatenhof von tomatenbegeisterten Hobbygärtnern gesät, gepflanzt und gepflegt werden, in Gewächshäusern hinterm Deich. Eine Freundin, mit der ich an einem Sonntag im August vor genau einem Jahr am Badesee gewesen war, hatte mich danach mitgenommen auf den Hof, um ihn mir zu zeigen. Freiwillige wie sie haben sich zusammengeschlossen, um in der Erde zu graben, so oft und wann sie wollen und irgendwann auch zu ernten, in dieser Vielfalt zu schwelgen aus riesigen tiefroten Ochenherztomaten, zitronengelben Kirschtomaten und der lilaschwarz leuchtenden Black Krim. Ich sauge die Luft ein, hier im Glashaus, sie ist warm und dunstig. Tomatensommer, denke ich, und auf einmal bin ich wieder klein, vier, fünf Jahre alt. Dieser Glashausgeruch führt mich meine eigene Dufterinnerungsleiter herab: früher Abend, feuchte Erde, die Tomatenpflanzen mit ihren Verästelungen, Stängeln, Samtblättern und Härchen, die diesen eigentümlichen, würzigen und marmeladig-fruchtigen Tomatenduft verströmen. Das sonnendurchtränkte Wasser, das in den Gießkannen schwappt, ein Geruch, weich wie ein Sommerteich.

DIE GIESSKANNEN WURDEN SCHON MORGENS BEFÜLLT, UM BIS ABENDS AUFZUWÄRMEN, SODASS IHR WASSER DIE PFLANZEN NICHT ERSCHRECKT. ES GAB GANZE GIESSKANNENBATTERIEN, DIE DA AUFGEREIHT STANDEN, GROSSE, MITTLERE, KLEINE, WIR ALLE MUSSTEN GIESSEN, MORGENS UND ABENDS, WENN WIR UNSERE TANTEN BESUCHTEN.

Und dann die Abendessen: Es gab den ganzen Sommer lang nichts anderes als eben diese Tomaten, die so verrückt wucherten im Glashaus meiner zwei Tanten, mit Brot, Salz und Butter. Einmal durften meine Schwester und ich mit unseren Tanten ein paar Tage nach Südtirol fahren, wir waren begeistert und aufgeregt: Südtirol ist Italien! Und was es in Italien zu essen gab, wussten wir. Pizza! Ich kann mich noch an meine bodenlose Enttäuschung erinnern, als wir bei unserem ersten Halt nach der italienischen Grenze auf dem Rastplatz nicht in den Pizzaschnellimbiss einkehrten, der so hypnotische Schwaden verströmte. Stattdessen öffnete meine Tante die Tupperbox, die sie heute noch hat, mit den Worten „Wir haben etwas Besseres!". Und darin lagen unsere Tomaten, die meinen Tanten so lieb und teuer waren, dass sie sie in den Urlaub mitnahmen.

Und heute, beim Duft hier in diesem Gewächshaus, einem Geruch, der so lebendig ist, dass er fast pulsiert, bei diesem Tomatengeruch, süßlich, erdig, schwer, den man einsaugt, in dem man sich baden will, wie im schon schwächer wärmenden Sonnenschein, bei diesem Duft denke ich mir, dass meine Tanten schon recht hatten, vor so vielen Jahren: Etwas Besseres als Sommertomaten gibt es nicht auf der Welt.

SOMMER — TOMATEN- TARTE

(FÜR 4 PERSONEN)
BODEN:
250 g Mehl
120 g Butter
1 Ei
1 Prise Salz

FÜLLUNG:
1 große rote Zwiebel oder
2 kleine
1 EL Butter

½ EL Zucker
1 EL Balsamico
Salz
Pfeffer
150 g Gorgonzola
200 g Doppelrahmfrisch-
käse
600 g Tomaten, je mehr
verschiedene Formen –
Ochsenherz-, Dattel-,
Kirschtomaten – und Far-
ben – von Gelb über Grün

bis Dunkelrot oder gar
Schwarz – desto besser!
2 EL frische Thymianblättchen
1 EL Honig, wunderbar
passt Lavendelhonig
ein paar Walnüsse oder
1–2 EL Pinienkerne
eventuell 1–2 EL geriebe-
ner Bergkäse
1 EL Olivenöl
frische Basilikumblättchen

1. Mehl, Butter, Ei und die Prise Salz zu einem Teig verkneten, vielleicht ein wenig Wasser dazugeben. Den Teig als Kugel in Frischhaltefolie wickeln und 1 Stunde im Kühlschrank ruhen lassen.

2. In der Zwischenzeit die Zwiebel halbieren und in Halbringe schneiden, in Butter bei niedriger Hitze sehr langsam karamellisieren lassen, das kann ruhig 20 Minuten dauern. **Darauf achten, dass die Temperatur wirklich niedrig ist, die Zwiebel soll nicht bräunen.** Zucker zugeben, weitere 5 Minuten karamellisieren lassen, mit Balsamico, Salz und Pfeffer würzen, beiseitestellen.

3. Gorgonzola in einer Schüssel mit einer Gabel zerdrücken, zusammen mit dem Doppelrahmfrischkäse zu einer homogenen Creme verrühren, pfeffern.

4. Drei Viertel der Tomaten in mitteldicke Scheiben schneiden. Backofen auf 180 Grad Umluft vorheizen.

5. Den Teig nicht zu dick ausrollen, damit entweder eine gefettete Quicheform auslegen oder ihn flach auf ein Blech mit Backpapier legen. Teigboden mehrmals mit einer Gabel einstechen.

6. Gorgonzolacreme gleichmäßig auf den Teigboden streichen. Thymian und die karamellisierten Zwiebeln darauf verteilen. Tarte mit den Tomaten belegen, 1 EL Honig in Fäden darüber ziehen, salzen, pfeffern. **Wer keine Quicheform verwendet: Teigränder ringsum umschlagen.**

7. Tarte 35–40 Minuten auf der untersten Einschubleiste backen, in den letzten 5 Minuten Walnussviertel oder Pinienkerne darauf verteilen. Wer mag, gibt noch 1–2 EL Bergkäse darüber.

8. Die fertige Tarte mit den restlichen frischen, in dünne Scheiben geschnittenen Tomaten belegen, ein paar Tropfen Olivenöl darüber geben, mit Basilikumblättchen bestreuen. Die Tarte schmeckt am besten lauwarm.

GARTEN
_ FOCACCIA

EINE FOCACCIA IST EIN italienischer Fladen aus einem Olivenölhefeteig, der, mit Kräutern wie Rosmarin und ein paar Salzflocken bestreut und mit noch mehr Olivenöl besprenkelt, gebacken wird und wunderbar warm, außen knusprig, innen weich, aus dem heißen Ofen kommt. Und eine Garten-Focaccia bannt das Bild eines Gartens auf die Focaccia. Die Idee, mit Paprika, Tomaten, Zwiebeln und Kräutern eine kleine Gartenszenerie auf die Focaccia zu zaubern, zieht sich zwischen New York und Südkorea über die Backseiten auf Instagram. Auf denen ploppen ja auch oft Trends hoch, die zwar hübsch anzusehen sind, aber vom Geschmack her keinen Blumentopf gewinnen. Das ist bei der großartigen Garten-Focaccia anders. Sie wird nämlich durch das herzhafte Gemüse noch schmackhafter und würziger.

ZWIEBEL, TOMATE UND PAPRIKA, ROSMARIN UND THYMIAN GEBEN DER FOCACCIA DEN HERRLICHEN GESCHMACK VON PIZZA, GANZ OHNE KÄSE.

Und sie sieht so wunderschön aus. Man kann sich fast hineinträumen in den kunterbunten Garten …

Der Teig ist in 5 Minuten geknetet und muss dann bloß noch ein bisschen gehen, ist also im Handumdrehen gemacht. Und Kinder lieben es, aus Paprikablumen und Zwiebelschmetterlingen einen Zaubergarten entstehen zu lassen. Erwachsene übrigens auch. Allein die bunten Farben des Gemüses machen so viel Freude! Schiebt man die Focaccia dann in den Ofen, ziehen schon nach wenigen Minuten die Teigdüfte durch die Küche, die sich mit den Thymian-Zwiebel-Schwaden mischen und den Magen in Vorfreude hüpfen lassen. Aus dem Ofen gezogen, aalt sich das weichwarme Brot in Schönheit und bettelt schier darum, auf ein Picknick mitgenommen zu werden. Das sollten Sie tun! Man braucht nicht viel sonst dazu. Außer einer karierten Decke, einer Sonnenbrille und vielleicht noch einer Flasche Limonade oder Wein.

GARTEN
— FOCACCIA

(FÜR 2 FLADEN)
550 g Mehl
½ Würfel Hefe
Salz
8 EL Olivenöl

Salzflocken
frische Kräuter und Gemüse wie Thymian,
Rosmarin, Frühlingszwiebeln, bunte
Paprika, rote Zwiebeln, Karotten, Pilze,
Cocktailtomaten, vielleicht blaue Kartoffeln

1. 300 ml Wasser leicht erwärmen, Hefe hineinbröseln.
2. Mehl, 2 TL Salz, 4 EL Olivenöl und die angerührte Hefemischung in eine Schüssel geben, mit dem Knethaken des Handrührgeräts oder mit den Händen zu einem glatten Teig verkneten. **Ist der Teig noch zu feucht, etwas mehr Mehl unterkneten.** Mit einem Tuch abdecken, an einem warmen Ort eineinhalb Stunden gehen lassen.
3. Ofen auf 180 Grad Umluft vorheizen. Teig noch einmal durchkneten, in zwei Hälften teilen. Jede Teighälfte auf einer bemehlten Arbeitsfläche zu einem Fladen ausrollen, jeden Fladen auf ein Blech mit Backpapier geben. Erneut zugedeckt 10 Minuten gehen lassen.
4. In der Zwischenzeit das Gemüse herrichten, mit dem man die Fladen belegen will. Gemüsestücke eher dick schneiden, damit sie beim Backen nicht zu sehr Farbe annehmen.
5. **Der Fantasie beim Belegen des Teigs freien Lauf lassen!**
6. In den Teig der belegten Garten-Focaccias mit dem Finger ein paar Vertiefungen drücken, mit je zwei EL Olivenöl und Salzflocken übersprenkeln, in den Ofen geben, auf der mittleren Schiene in 20–30 Minuten goldbraun backen.

SHAKSHUKA

—

ZUM ERSTEN MAL habe ich Shakshuka gegessen, als ich vor ein paar Jahren eine Freundin in London besucht habe. In London boomte zu dieser Zeit gerade die Shakshuka, diese orientalisch angehauchte Tomaten-Eier-Pfanne. Man aß sie ständig, zum Brunch oder als leichtes Mittagessen. Shakshuka kommt eigentlich aus Tunesien, sie ist aber vor allem auch in Israel sehr beliebt. Vor Jahren kam ein junger Literaturdoktorand aus Israel nach London, um dort zu promovieren. Er entschied sich aber stattdessen für den Besuch des Le Cordon Bleu, dieser weltberühmten Kochschule am Bloomsbury Square gleich beim British Museum. Dieser junge Mann legte nach seiner Ausbildung einen kometenhaften Aufstieg hin, ließ die Literaturwissenschaft sein und brachte den Londonern in seinem Restaurant, das erst ein winziger Imbiss in Notting Hill war, die moderne Levanteküche nahe. Durch diesen Israeli wurde sie in London groß, die Shakshuka, diese versunkenen Eier in Tomatensoße. Sie ist ein so einfaches Essen – schmeckt aber besonders und raffiniert. Und sie ist durch die Cremigkeit des Eigelbs, das

sich mit der fruchtigen Süße der Tomaten verbindet, ein solches Wohlfühlgericht, dass man von der Shakshuka kaum genug bekommt. Allein das Weißbrot schmeckt schon so gut, wenn es erst ins Eigelb und dann in die Tomaten getunkt worden ist, die nach Kreuzkümmel und nach der Würzpaste Harissa duften!

FÜR MICH IST DIE SHAKSHUKA FAST MAGIE, WIE JA KOCHEN ÜBERHAUPT EIN REINES, KLEINES WUNDER IST.

Ein paar Zutaten, ein paar Handgriffe – und schon ist man in einem anderen, besseren Zustand: nämlich satt und glücklich. Der Name des Israeli ist übrigens Yotam Ottolenghi, sein Kochbuch „Jerusalem" wurde weltweit ein Bestseller. Ich hatte es mir damals von meiner Londonreise nach Deutschland mitgebracht.
Und ein halbes Jahr später begann ich meinen ersten Tag an der Kochschule Le Cordon Bleu am Londoner Bloomsbury Square.

SHAKSHUKA

—

(FÜR 4 PERSONEN)
2 EL Olivenöl
1 Zwiebel, gewürfelt
1 Knoblauchzehe, fein geschnitten
2 EL Tomatenmark
1–1 ½ EL Harissa, je nach gewünschter Schärfe
2 Paprikaschoten, gewürfelt

5 große Tomaten, gewürfelt oder 2 Dosen stückige Tomaten
1 TL gemahlener Kreuzkümmel
Salz, Pfeffer
6 Eier
frische Kräuter wie Petersilie, Koriander, Minze

1. In einer Pfanne **(mit hitzebeständigem Stiel, die Shakshuka kommt zum Schluss noch kurz in den Ofen)** Öl erhitzen, Zwiebel und Knoblauch zugeben, dünsten, nicht bräunen. Tomatenmark und Harissa einrühren. Paprika zugeben, ca. 8 Minuten dünsten, bis die Paprikastückchen weich sind.

2. Dann Tomaten und Kreuzkümmel zugeben, alles ca. 10 Minuten sanft einköcheln lassen, bis eine dicke Soße entstanden ist. Ofen auf 190 Grad Umluft vorheizen.

3. Soße mit Salz und Pfeffer abschmecken, eventuell mit mehr Harissa nachschärfen. Sechs Mulden in die Soße drücken, die Eier vorsichtig am Pfannenrand aufschlagen und in die Mulden gleiten lassen.

4. Die Eier im Ofen 8–10 Minuten stocken lassen.

5. Mit reichlich Kräutern bestreut servieren, frisches, knuspriges Weißbrot zum Eintunken dazu reichen. **Außerdem passt ein cremiger Joghurt dazu.**

OKONOMIYAKI — JAPANISCHE PFANNKUCHEN

MEINE SCHWESTER hatte vor ein paar Jahren einen Gutschein für einen japanischen Kochkurs bekommen. Sie löste ihn zu spät ein, und es war nur noch ein Platz im Okonomiyaki-Kurs frei, japanische Pfannkuchen! Sie war enttäuscht, was ich verstand, denn wer braucht einen Kurs für Pfannkuchen? Aber als sie zurückkam, war sie restlos begeistert: Diese Pfannkuchen seien spektakulär! Und doch so unglaublich einfach!

Und es stimmte, sie waren wunderbar! Okonomiyaki haben mit unseren Pfannkuchen kaum etwas zu tun, außer dass sie auch in Japan das Comfort-Food schlechthin sind, köstliches Fastfood, auf dem Teppanyaki-Grill direkt vor dem hungrigen Gast zubereitet. Okonomi bedeutet „Geschmack" oder „nach Belieben" oder auch „was du willst". Und yaki bedeutet „gebraten" oder „gegrillt". Die Pfannkuchen bestehen aus geschnittenem Kohl in einer stockenden Eiermasse. Und belegen darf man sie okonomi, ganz nach Geschmack und Lust: mit Speck oder Garnelen, mit Shiitakepilzen oder Frühlingszwiebeln … Dazu gibt es dann eine Garnitur aus Flocken vom Bonito, japanischer Mayonnaise und vor allem der sagenhaften Okonomiyaki-Soße. Dazu eingelegter Ingwer, wer den mag.

OKONOMIYAKI WURDEN IN JAPAN NACH DEM ZWEITEN WELTKRIEG POPULÄR, ALS EINE REISKNAPPHEIT HERRSCHTE.

Weil es aber genügend Weißkohl gab, schnitt man diesen in rauen Mengen klein und gab ein wenig Mehl und Ei hinzu. Und erhielt nach dem Braten fluffig-runde Pfannkuchenkissen, die die kräftige Textur der Weißkohlstückchen haben (den Kohl schneidet man deswegen unbedingt mit der Hand, bitte nicht hobeln!). Die herzhaften Küchlein sind von den kräftigen Senfölen des Kohls durchdrungen und vom Aroma der pikanten Dashi-Brühe, der japanischen Algen-Fisch-Bouillon, die man dem Teig zugibt.

Die Japaner sind süchtig nach den Okonomiyaki, so wie auch ich es nach dem ersten Probieren wurde. In Japan gibt es einen Themenpark namens Okonomi-Mura, übersetzt Okonomi-Dorf: In 24 Restaurants werden die besten Pfannkuchen Japans zubereitet – mit Speckvariationen, Garnelen, mit Braunalgen, in Essig mariniert … Dort möchte ich unbedingt irgendwann einmal hin! Letztes Jahr war ich in Finnlands Muminwelt (die übrigens von überproportional vielen Japanern besucht wird), die war schon so wunderbar. Aber eine Pfannkuchenwelt? Die stelle ich mir tatsächlich vor wie das Paradies. Vielleicht mit ein paar seelenvollen Mumintrollen an Grill und Tresen.

Wir bereiten die Okonomiyaki nicht auf dem Grill, sondern ein paar Minuten in der Pfanne zu. Und die großartige Okonomiyaki-Soße, die ich früher noch im Internet bestellt habe, machen wir ganz einfach selbst.

OKONOMIYAKI — JAPANISCHE PFANNKUCHEN

(FÜR 4 PERSONEN)

PFANNKUCHENTEIG:
200 g Mehl
2 Tütchen Instant-Dashi-Pulver (aus dem Asialaden. Wer die nicht bekommt, nimmt 4–5 TL normale Instantgemüsebrühe)
200 ml Wasser
2 TL Backpulver
400 g Weißkohl
3 Eier
Sonnenblumenöl zum Braten

OKONOMIYAKI-SOSSE:
2 EL Sojasoße
2 EL Austernsoße
2 EL Worcestershiresoße
2 EL Ketchup
1 EL Honig
Belag:
Speck, Garnelen, Shiitakepilze, Gemüse ... nach Belieben, denn okonomi heißt: was du willst!

GARNITUR:
Okonomiyaki-Soße, Mayonnaise (am besten die japanische Kewpie, es geht aber auch jede andere), frische Korianderblätter, Frühlingszwiebeln, eingelegter Ingwer, schwarzer Sesam, Bonitoflocken ... Auch hier gilt: nach Belieben!

1. Mehl, Dashi- oder Gemüsebrühenpulver, Wasser, Backpulver miteinander verrühren. **Es entsteht ein eher zäher Teig.** 15 Minuten kühl stellen und quellen lassen. Weißkohl in etwa 1 cm mal 1 cm große Flecken schneiden, Eier verquirlen, mit den Kohlflecken mischen. Weißkohl-Ei-Masse unter den zähen Teig heben.

2. In der Zwischenzeit Zutaten für die Okonomiyaki-Soße miteinander verrühren.

3. In einer heißen Pfanne mit 1 EL Sonnenblumenöl die Pfannkuchen ausbacken, die rohe Seite nach Belieben belegen, etwa mit Speck, Garnelen, Pilzen, Gemüse. Dann wenden und weiterbraten.

4. Die Pfannkuchen mit Mayonnaise und der Okonomiyaki-Soße gitterförmig garnieren. Nach Belieben mit Frühlingszwiebeln, Korianderblättern, eingelegtem Ingwer und/oder schwarzem Sesam verzieren.

GEORGISCHE
— KHATCHAPURI

„ALS GOTT DIE WELT ERSCHUF und jedem Volk ein
Land zusprach, da waren die Georgier mal wieder zu spät", so weiß
es die Legende. „Als sie sich endlich einfanden, erklärten sie ihm,
sie kämen geradewegs von einem riesengroßen Festmahl zur Feier
seiner Herrlichkeit! Alles Land war bereits verteilt, aber weil Gott
so geschmeichelt war, machte er ihnen seinen eigenen wunderschönen Garten zum Geschenk: Georgien."
Dieser fruchtbare, sonnengeflutete Garten, kleiner als das Bundes-
land Bayern, der sich zwischen den 5000 Meter hohen Gletschern
des Kaukasus und den Palmen des Schwarzmeerstrandes erstreckt,
beschert der georgischen Küche Granatäpfel, Walnüsse, Auber-
ginen, Zitrusfrüchte, Tee und Trauben. Die viele Sonne und der
fruchtbare Boden bringen besonders aromatische Kräuter hervor,
wie wilden Thymian, Dill, rotes Basilikum, Koriander, Minze und
Estragon. Georgien stand über die Jahrhunderte unter dem Ein-
fluss verschiedener Kulturen und Herrschaften, der griechischen,
arabischen, mongolischen, persischen, türkischen und russischen.
Diese prägten die georgische Küche, wie auch die Lage Georgiens
an der Seidenstraße, die sie um Gewürze wie Muskat, Koriander
oder Bockshornklee bereicherte. Und obwohl die Georgier ihre
Khinkali-Fleischtäschchen und ihr Zimthuhn lieben, bietet ihr
Speisezettel überwiegend vegetarische Gerichte. Denn den ortho-
doxen Christen verbieten die strengen Fastenregeln mehr als die
Hälfte des Jahres Fleisch zu essen – und so sind reine Gemüsege-
richte in der georgischen Küche seit Hunderten von Jahren ebenso

selbstverständlich wie raffiniert, strotzen vor Kräutern, Frische und Farben.

ZUM ERSTEN MAL ASS ICH EIN GEORGI-SCHES GERICHT IN LONDON, ALS MEINE RUSSISCHE FREUNDIN EVGENIA EINE NEUE MITBEWOHNERIN GEFUNDEN HATTE.

Sie hieß Tamwili und kam aus Georgien, sie war rund, klein und ständig allerbester Dinge. Wenn Tamwili kochte, zogen köstliche Gerüche durch die Wohnung in der Moscow Road, in der die beiden Ex-Sowjetinnen zufälligerweise wohnten. Eines meiner Lieblingsessen damals waren Tamwilis Khatchapuri, Teig-Käse-Fladen, die in Georgien an jeder Straßenecke verkauft werden. Warmer Teig, außen knusprig, innen weich, gefüllt mit einem See aus mildem, weißem, säuerlichem Käse. Darauf ein Ei, dessen Dotter noch fast flüssig ist, darauf frische Kräuter wie Dill, Petersilie und Koriander. „There is so much love in Georgian food", schrieb der „New Yorker". Und es stimmt: Khatchapuri sind wirklich wie eine herzliche Umarmung, sind lupenreines Comfort-Food. Und in Georgien auch als Katerfrühstück sehr beliebt.

GEORGISCHE KHATCHAPURI

(FÜR 4 FLADEN)
500 g Mehl
½ Würfel Hefe
1 gehäufter TL Zucker
240 ml Milch, warm
1 gehäufter TL Salz
2 EL Olivenöl

Eigentlich kommt in die Khatchapuri der landestypische Salzlakenkäse Sulguni, weil man den in Deutschland kaum bekommt, mixen wir:
150 g Fetakäse (geraspelt), 150 g Frischkäse, 150 g Ziegenfrischkäse

1 TL Bockshornklee, gemahlen (keine klassische Zutat, schmeckt aber toll)
4 Eier
frische Kräuter wie Petersilie, Dill und Koriander
Schwarzkümmel

1. Für den Teig einen Berg Mehl in eine Schüssel sieben. Mit der Faust in die Mitte eine Mulde drücken. Hefe in die Mulde bröckeln, Zucker zugeben, dann die handwarme Milch. **Mit dem Finger in der Mulde rühren, damit die Hefe sich auflöst, der Mehlberg bleibt aber noch bestehen, der Vorteig befindet sich in der Mulde.** Salz am Schüsselrand verteilen, Hefe mag keinen direkten Kontakt mit Salz. 10 Minuten stehen lassen.

2. Dann alles gut verkneten, wirklich ausgiebig, gerne 10 Minuten, mit den Händen oder dem Knethaken des Handrührgerätes. Mittendrin Öl zugeben, gut verkneten. Teig abdecken und an einem warmen Ort 1½ Stunden gehen lassen. Dann wieder kneten. Noch einmal 30 Minuten gehen lassen.

3. In der Zwischenzeit den Ofen auf 240 Grad Umluft vorheizen. Dann die verschiedenen Käsesorten und den Bockshornklee gut miteinander verrühren. Eventuell salzen. Blech mit Backpapier belegen. Dünne Fladen ausrollen. An den Seiten einrollen, die Spitzen verzwirbeln, sodass „Boote" entstehen. Diese mit der Käsecreme füllen.

4. Fladen 10–12 Minuten in den Ofen geben, dann Blech herausziehen. Mit einem Löffel jeweils eine Mulde in die Käsecreme der Khatchapuri drücken und in jede Mulde ein aufgeschlagenes Ei hineingleiten lassen. Fladen wieder in den Ofen schieben, bis das Eigelb nach etwa 5 Minuten anfängt zu stocken. **Es soll fast flüssig sein.** Dann Khatchapuri mit Schwarzkümmel und frischen Kräutern bestreuen. Fladenendstück abreißen. Damit das Eigelb anstechen, in die Käsefluten rühren, auftunken.

DER ERSTE LÖFFEL EINER MOUSSE
AU CHOCOLAT, DIE KÜHL AM
GAUMEN SCHMILZT, OMAS
MARILLENKNÖDEL MIT SÜSSEN
BRÖSELN, WARMER RHABARBER-
KNUSPER-CRUMBLE …
DESSERTS, DIE SÜSS DIE SEELE
STREICHELN!

SÜSSES FÜR DIE SEELE

PERFEKTE MOUSSE — AU CHOCOLAT

EINMAL SOLLTE IN DER Fat-Duck-Experimentierküche die Patissière Carmen, die schon in Ferran Adriàs El Bulli gearbeitet hatte, ein Kleid aus Schokolade kreieren. Das Fat Duck ist mehrmals zum besten Restaurant der Welt gewählt worden, sein Chef, Heston Blumenthal, ist in der englischsprachigen Welt ein Star und seine Experimentierküche legendär.

Carmen baute aus Draht einen Reifrock, an dessen Streben Hunderte von Blättern aus Schokolade beweglich befestigt werden konnten. Das Kleid sollte wie ein essbarer Wald sein, durch den leicht der Wind fährt. Mein Job war, diese Blätter zu machen: Laub mit Schokolade zu bepinseln, dann das Blatt vorsichtig abzuziehen. Ich hatte für diese Arbeit einen eigenen Raum und Zugang zum Dark Chocolate Room. Es gab noch eine parallele Einrichtung für weiße Schokolade, das war der White Chocolate Room.

Der Schokoladenraum war eine winzige Zelle, strahlend sauber wie ein OP-Saal, er wurde täglich von den Chocolatiers zwei Stunden lang von der Decke bis in die kleinste Fuge geschrubbt. Im Chocolate Room trug der Chocolatier Schutzkleidung, er sprühte mit der Airbrushpistole Pralinen ein flaumiges Pelzchen auf, brachte mit Druckluft Bläschen in die Luftschokolade ein oder blies damit Schokoladenbonbons auf. Im Chocolate Room stand das Temperiergerät, das die Schokolade beständig bewegte, eine Art ewig fließende Quelle. Wir benutzten im Fat Duck Kuvertüren vom besten Hersteller der Welt, Rohstoff der Schokolade waren die wertvollsten Kakaobohnen, die Grand Crus. Ich holte die erste Schokoladenportion, beiläufig probierte ich ein wenig. Schon war es um mich geschehen, scheinbar hatte ich noch nie zuvor richtige

Schokolade gegessen! 600 flüchtige Aromen sind in der Schokolade enthalten, und bei dieser Schokolade schienen alle gleichzeitig in meinem Riechzentrum zu explodieren.

ICH BEPINSELTE IM AKKORD SCHOKOLA-DENBLÄTTER, GING ERST NACHTS UM EINS HEIM UND STAND UM SIEBEN SCHON WIE-DER IN MEINER DUFTENDEN WERKSTATT.

Als die Blätter fertig waren und ich mein Schokoladenreich ver-lassen musste, weil eine andere Aufgabe vor mir lag (ich sollte die Versuche zum Butterbier protokollieren, das die Harry Potter World angefragt hatte), fühlte ich mich wie aus dem Paradies ver-trieben. Bevor ich ging, gab mir Rimas, einer der Chocolatiers, das Rezept für seine „Perfekte Mousse au Chocolat". Ihr Geheimnis besteht im Sabayon, für das man die Eigelbe überm Wasserbad auf-schlägt – und in der Qualität der verwendeten Schokolade.
Ich habe das Rezept immer noch. Es ist auf einen dieser feinen weißen Papierbögen geschrieben, aus denen man die filigranen Garniertüllen dreht, mit denen aus flüssiger Schokolade schwin-gende Linien und Arabesken gemalt werden. Rimas' Handschrift ist ähnlich, mit Bögen, Punkten und Spirälchen, in ihrer Verspielt-heit erinnert sie mich an diese magische Zeit in Heston Blumen-thals Experimentierküche, diese Wunderwelt, die ein bisschen so war, wie ich mir als Kind Willy Wonkas Schokoladenfabrik vorgestellt habe.

PERFEKTE MOUSSE — AU CHOCOLAT

(FÜR 4–6 PERSONEN)
250 g dunkle Schokolade (70 % Kakao-anteil)
4 (sehr frische!) Eier
2 Prisen Meersalz
125 g Schlagsahne

80 g Zucker
2 EL Wasser oder stattdessen nach Be-lieben: 2 EL starker Espresso
vielleicht ein kleiner Schuss Kirsch- oder Himbeergeist

1. Die Schokolade mit dem Küchenmesser grob hacken, sodass sie leichter schmilzt, und in eine Metallschüssel geben. Wasser in einem großen Topf zum Sieden bringen, es soll auf keinen Fall kochen, die Schüssel in den Topf stellen, aber so, dass der Schüsselboden nicht mit dem siedenden Wasser in Kontakt kommt. Platte ausschalten, die Schokolade schmilzt jetzt langsam und sanft.

2. Die Eier trennen, Eigelbe in eine Metallschüssel geben **(am besten eine mit rundem Boden)**. Die Eiweiße in einer schmalen, hohen Rührschüssel mit 2 Prisen Meersalz zu einem steifen Eischnee schlagen, er soll „Zipfel-mützen" formen, wenn man sie aus dem Eischnee zieht. Dazwischen immer nach der schmelzenden Schokolade sehen, sie mit einem Gummispatel ein wenig bewegen. Ist sie geschmolzen, Schüssel mit einem Teller abdecken.

3. Sahne schlagen, **sie muss aber nicht so steif werden wie der Eischnee, denn halb-steif verbindet sie sich später leichter mit der Schokoladen-Ei-Creme,** an die wir uns jetzt machen:

4. Den Topf mit dem heißen Wasser wieder auf die Herdplatte ziehen, das Wasser erhitzen. Sobald es kocht, Temperatur herunterschalten, das Wasser soll sieden. Mit einem Schneebesen oder, kraftschonender, mit dem Rührgerät die Eigelbe mit 3 EL Zucker schaumig aufschlagen, bis die Masse heller wird. Dann die Schüssel übers Wasserbad setzen und mit zwei EL Wasser oder mit 2 EL Espresso **(und, wer mag, dem kleinen Schuss Kirsch- oder Himbeergeist)** aufschlagen, 5–8 Minuten schlagen, bis eine dickcremige Masse entsteht, Sabayon genannt. Wenn sich nichts tut, ist das Wasser nicht heiß genug, dann vorsichtig und unter beständigem Weiterrühren die Temperatur schrittweise erhöhen, auf keinen Fall zu forsch, denn bei zu hoher Temperatur wird aus dem Eigelb Rührei.

5. Ab jetzt rasch arbeiten: Sabayon vom Wasserbad nehmen, die flüssige Schokolade mit dem Schneebesen gut einrühren. Dann die Hälfte der geschlagenen Sahne in die Schoko-Ei-Masse einrühren, wenn alles gut verbunden ist, die restliche Sahne vorsichtig unterheben. Den steifen Eischnee in drei Portionen ebenfalls vorsichtig unterheben. Mindestens 3 Stunden oder über Nacht kühl stellen. Zur Mousse passen Himbeer-soße und frische Beeren.

LAVENDEL-PANNACOTTA

EINER VON VIELEN AHA-MOMENTEN in der Kochschule war, als wir lernten, wie man eine Crème Anglaise aus Milch, Zucker und Eigelb zubereitet. Sie bildet die Basis für Bayerisch Crème, Custard, Vanillesoße oder Eiscreme. Beiläufig sagte unser Ausbilder: „Natürlich könnt ihr die Anglaise nicht nur mit Vanille aromatisieren. Auch mit Zimt, Orangenzesten, mit Minze. Mit Earl-Gray-Tee! Indem Ihr Euer Aromat ganz einfach in der Creme ein paar Stunden ziehen lasst und sie dann durch ein Sieb seiht. Die Creme ist durch das Eigelb fett, das Fett nimmt die Aromen auf." Ich war begeistert! Das eröffnete ja grandiose neue Möglichkeiten! Und ich fragte mich, was man wohl sonst noch alles als Aromat nehmen könnte?

DAS LERNTE ICH ZWEI JAHRE SPÄTER IN HESTON BLUMENTHALS WUNDERBAR VERRÜCKTER EXPERIMENTIERKÜCHE, WO WIR VON KAFFEEBOHNEN BIS ZITRONEN-VERBENE WIRKLICH ALLES ZUM AROMATISIEREN BENUTZTEN.

Höhepunkt war eine Fish-and-Chips-Crème-Anglaise: Frische ungesalzene Pommes Frites und frisch ausgebackener Fisch wurden sanft zerteilt und in die süße, vanillige Crème Anglaise gegeben. Schon nach einer halben Stunde seihten wir ab, ließen die Crème durch die Eismaschine und löffelten Fisch-and-Chips-Eis. Das hochinteressant schmeckte – ungewöhnlich, fröhlich und erinnerungsprall zugleich. Das Eis ließ mich an das Leibgericht des elften Doktors aus „Doctor Who" denken: Fischstäbchen mit Vanillesoße. Ich freute mich aber auch, als ich in der Gordon-Ramsay-Küche Lavendeleis machte, es war so einfach. Und so gut! Eine Crème Anglaise zubereiten und Lavendelblüten zur Crème geben, nach ein paar Stunden durchseihen, um die Blüten zu entfernen, die ihr fettlösliches Aroma an die Anglaise abgegeben hatten. Und schon meint man, man stünde im Lavendelfeld.

Wir bereiten keine Crème Anglaise zu, sondern eine etwas einfachere Pannacotta mit Lavendelaroma. Ein kinderleichtes Dessert, das das würzige, blumige, balsamische Aromenspiel der verträumten lilablauen Blüten zart in Szene setzt. Und uns die Provence aufs Dessertschälchen holt.

LAVENDEL- PANNACOTTA

(FÜR 4–6 SCHÄLCHEN, JE NACH
GRÖSSE)
5 frische Lavendelzweige mit Blütenstand –
oder etwa 2 TL getrocknete Lavendelblüten
500 ml Sahne
4 Blatt Gelatine

70 g Zucker

ZUM DEKORIEREN:
ca. 2 EL Lavendelhonig (oder anderen
Honig)
ein paar Lavendelblüten

1. Lavendelblüten abzupfen. Nur die Blüten verwenden, nicht die grünen Teile! Blüten in die flüssige Sahne geben, ein paar Stunden ziehen lassen.
2. Gelatineblätter in kaltem Wasser weich werden lassen. Die Förmchen für die Pannacotta in den Kühlschrank stellen, sie sollen möglichst kalt sein.
3. Sahne in einem Topf möglichst langsam zum Kochen bringen (panna cotta heißt auf Deutsch „gekochte Sahne"), ständig eng am Topfboden mit dem Gummispatel entlangfahren und rühren, denn die Sahne darf keinesfalls anbrennen.
4. Topf von der Flamme nehmen, den Zucker in die Sahne rühren, bis er sich vollständig aufgelöst hat.
5. Die heiße Sahne durch ein Sieb passieren, die Blüten auffangen und entsorgen. Die Gelatineblätter nacheinander gut ausdrücken und unter beständigem Rühren in die Schüssel mit der aromatisierten heißen Sahne geben, immer nur eines, bis es sich aufgelöst hat, dann erst das nächste ausdrücken und langsam zugeben. Noch einmal durchseihen, um eventuelle Gelatineklümpchen zu entfernen.
6. Die Förmchen oder Dessertschälchen aus dem Kühlschrank nehmen, mit der Pannacotta befüllen. Kurz abkühlen lassen, dann für mindestens drei Stunden in den Kühlschrank stellen. Dann kann die Pannacotta gestürzt werden (die Förmchen dafür kurz in heißes Wasser tauchen, mit einem scharfen Messer am inneren Förmchenrand entlangfahren).
7. Honig im Wasserbad erwärmen, die Pannacotta damit beträufeln und mit Lavendelblüten verzieren.

BRIOCHE — MIT ZITRONEN- GRANITA

FÜR EINE REPORTAGE, die sich um nichts anderes drehte als um die süßen Schätze aus den Eismanufakturen und den Pâtisserien Siziliens, also um die weltberühmten Dolci der Sonneninsel, durfte ich Corrado Assenza treffen, den Star unter Siziliens Eismachern, den Granden der Granita. Granita: diese hauchzart kristalline Eisspezialität, eine Art Sorbet, die nur aus dem reinen Saft einer Frucht, Zucker und etwas Wasser hergestellt wird. Und der Kälte, die die Granita dann später abgibt an ihren Genießer, der sie zu schätzen weiß, unter der Hitze der sizilianischen Sonne.

Assenza saß auf einem Kaffeehausstuhl unter einem tiefblauen Himmel im Barockstädtchen Noto, morgens um acht, vor ihm eine federleichte Brioche und eine Dessertschale, gefüllt mit Granita. Und um ihn herum saßen ein Dutzend weitere Italiener, die es ihm nachtaten. Starker Kaffee, Brioche – und ein Schälchen Granita, lediglich in der Sorte unterschieden sich die Gedecke. Manche frühstückten eine Erdbeer-, andere eine Zitronengranita, wieder andere bevorzugten Mandel-, Kaffee- oder Aprikosengranita.

Eis zum Frühstück? Die Caffès in Sizilien sind schon am frühen Morgen voll mit glücklichen Menschen, die ihre Brioches in Granitas stippen.

CORRADO ASSENZAS GRANITAS SIND WELTBERÜHMT. EINE GANZE FOLGE DER NETFLIXSERIE „CHEF'S TABLE" ÜBER JAHRHUNDERTKÖCHE UND PATISSERIELEGENDEN IST IHM GEWIDMET, CORRADO ASSENZA VOM CAFFÈ SICILIA IN NOTO.

Der studierte Biologe und Bienenwissenschaftler führt sein Caffè
in vierter Generation, er bewahrt sie, die Dolci, die süßen Schätze
Siziliens, die für das Ureigene der sizilianischen Küche stehen, für
die Aroma-DNA der Insel, für ihre Orangen, Zitronen, ihre Man-
deln und Pistazien.

Mit einem Wink bestellt er auch mir, die in der Früh nicht mehr
will als einen schwarzen Kaffee, ein solches Gedeck. Geht nicht darauf ein, dass ich ablehne. Und dann steht sie vor mir, diese Zitronengranita. Es ist ein herrlicher Morgen, noch spürt man die Kühle
der Nacht, aber die Hitze, das weiß man, sammelt sich schon, ist
dabei, sich wie eine Faust zusammenzuballen. Die Sonne auf dem
Sandstein der Barockfassaden strahlt bereits weiche Wärme ab.
Wie die goldene Brioche, die nun vor mir liegt. Ich zupfe seine Kugel heraus, tupfe sie in die Granita, führe sie zum Mund. Und bin
ab jetzt auch eine Jüngerin: diese süße Buttrigkeit des ofenwarmen
Hefeteigs! Wie sich die Flaumigkeit mit der kalten Zitronengranita
vermischt, dieser Eiskönigin. Absolut köstlich der Zusammenprall
dieser Texturgegensätze! „Was könnte auch besser passen als eine
eisige Granita gleich am Morgen, zusammen mit einer warmen
Brioche?", fragt Corrado Assenza. Es ist eine rhetorische Frage. Er
hat recht. Nichts könnte besser sein, vor allem in diesen Gefilden.
Tun wir es ihnen nach, den Sizilianern: Eis zum Frühstück und
flaumige Brioche! Und wem das zu viel ist, zu viel Überschwang
am Morgen, zu viel Dolce Vita? Der begnügt sich mit der Brioche.
Und hebt sich seine Zitronengranita für den Nachmittag auf.

BRIOCHE
— MIT
ZITRONEN-
GRANITA

(FÜR 8 KLEINE
BRIOCHES UND
4 PORTIONEN GRANITA)
BRIOCHES:
375 g Weizenmehl
15 g Hefe
1 TL Zucker und 60 g Zucker

130 ml Milch
1 gestrichener TL Salz
1 Ei
100 g Butter
1 Eigelb
2 EL Milch

GRANITA:
2 Biozitronen
90 g Zucker
90 ml Wasser
1 Prise Salz

1. **BRIOCHE:** Mehl in eine Schüssel geben, eine Mulde hineindrücken, Hefe hineinbröckeln. 1 TL Zucker darüber geben, mit der Hälfte der Milch verrühren. 10 Minuten quellen lassen.

2. Mit der restlichen Milch, Zucker, Salz und dem Ei zum Teig verkneten, am besten mit der Küchenmaschine oder den Knethaken des Handrührgerätes. Kalte Butter stückchenweise dazugeben. **Nehmen Sie sich dafür Zeit, das kann ruhig 10 Minuten dauern.**

3. Den weichen, glänzenden Teig mit einem Küchentuch abdecken. 2 Stunden gehen lassen.

4. Teig auf der Arbeitsfläche kurz durchkneten und in 8 Portionen teilen. Aus jeder Portion eine große und eine kleine Kugel formen. Die größere Kugel mit einer Küchenschere einschneiden, den Schnitt etwas auseinanderziehen. Die kleine Kugel zu einer Spitze ziehen. Die Spitze in den Schnitt der größeren Kugel einfügen.

5. Brioches auf ein gefettetes Backblech setzen. 30 Minuten gehen lassen.

6. Ofen auf 160 Grad Ober- und Unterhitze vorheizen. Eigelb mit einer Prise Salz und Milch verrühren. Brioches mit der Milch-Ei-Mischung bepinseln. Brioches in 20–25 Minuten goldbraun backen.

7. **GRANITA:** Zitronen heiß abwaschen und die Schale fein abreiben. Zitronen auspressen. Den Zucker mit Wasser aufkochen. Zitronensaft und -abrieb sowie 1 Prise Salz dazugeben. 10 Minuten ziehen lassen. Durch ein Sieb seihen, in Eiswürfelbehälter füllen und vier Stunden ins Gefrierfach stellen. Zitroneneiswürfel im Standmixer oder mit dem Pürierstab zu feinkörniger Granita verarbeiten, in gekühlte Gläser oder Schälchen füllen.

KARDAMOM — RHABARBER-CRUMBLE

FRISCHER, ROSA RHABARBER,
in Zucker und etwas Zitrone mariniert,
dann mit Streuseln überbacken, dazu
geschlagene Sahne – das ist für mich die
reine Frühlingswonne! In dem Restaurant, in dem ich in London gearbeitet
habe, wurde der Streuselteig kurz tief-
gefroren – und dann mit einer groben
Reibe geraspelt, sodass er die maximale
Oberfläche fürs optimale Entfalten der
Röststoffe bekam. Ich habe bei diesem
Crumble jedoch darauf verzichtet: Gerade
bei einem solchen Kindheitsessen will ich
dicke Streuselbröckchen haben. Was aber
unbedingt in meinen Crumble kommt, ist
duftender Kardamom. Grüner Kardamom,
von seinen Kapseln befreit, die schwarzen Samen leicht geröstet und dann fein
gemörsert. Selbstverständlich kann man
auch ganz einfach gemahlenen Kardamom
verwenden. Das wunderbare Gewürz
gibt den Bröselstreuseln Charakter, aber
auf eine leichte, verspielte Art. Denn die
Aromen des Kardamoms sind neben seiner
süßlichen Pfefferigkeit auch ein wenig von
Flieder, Rose und Minze bestimmt.

KARDAMOM SOLL ANGEBLICH AUCH STIMMUNGSAUFHELLEND WIRKEN – DAS WISSEN DIE SKANDINAVIER, DIE BESONDERS VIELE REZEPTE MIT KARDAMOM KENNEN.

Die Schweden verwenden das Gewürz in ihrem Glögg, dem Glühwein, in Finnland liebt man Voisilmäpulla, süße Kardamombutterbrötchen, und in Dänemark freut man sich über Kanelsnurrer, Zimtknoten mit Kardamom. Vielleicht steigt in Skandinavien durch den vielen Kardamom die Laune, wenn es im Winter kalt und dunkel ist?

Unser Kardamom-Rhabarber-Crumble ist aber ein Frühjahrsdessert, am besten mit frischem Rhabarber gemacht, wenn der zwischen Mitte April und Mitte Juni Saison hat. Dann backt man ihn unter seiner Streuselhaube, freut sich am Duft des Kardamoms, der durch die Küche schwebt wie eine Elfe. Und isst den ofenwarmen Crumble am besten bei geöffnetem Fenster und Vogelgezwitscher. Dazu passt Sahne oder eine Kugel Eis. Am besten: beides!

KARDAMOM — RHABARBER- CRUMBLE

(FÜR 4 PERSONEN)
500 g Rhabarber
100 g Zucker für den Rha-
barber und 100 g Zucker
für die Streusel
1 Pk Vanillezucker
1 EL Zitronensaft
1 TL Zitronenabrieb

5 Kapseln grüner Karda-
mom
130 g Mehl
100 g Butter und etwas
mehr zum Fetten der Form
1 EL Mandelblättchen oder
Haferflocken

1. Ofen auf 180 Grad Umluft vorheizen. Rhabarber in fingerdicke Stücke schneiden, mit 100 g Zucker, Vanillezucker, Zitronensaft und -abrieb mischen.

2. Die Kardamomkapseln öffnen, die schwarzen Samen leicht anrösten, dann sehr fein mörsern.

3. Aus Mehl, Zucker, Butter einen Teig kneten. Kardamom unterkneten. **Teig mit den Händen zu groben Streuseln verreiben.** Den Rhabarber in eine gefettete Auflaufform geben und mit den Streuseln bedecken.

4. Mandelblättchen oder Haferflocken darauf geben. 35–40 Minuten backen, bis die Streusel goldbraun sind.

DUTCH BABIES — MIT LEMON CURD

HERDMAGIE! Der nur ein paar Zentimeter hoch in eine heiße Pfanne eingefüllte, flüssige Pfannkuchenteig bläht sich im Ofen wie durch Zauberei zu einer luftigen Wolke auf, die nach Butter und Vanille duftet. Der watteweiche Fluff entsteht durch die ungewöhnliche Proportion der Zutaten im Teig: Die Dutch Babies bestehen aus vier Mal so vielen Eiern wie ein normaler Pfannkuchen. Diese Eier plustern sich in der Hitze zu einem gelben Schaumgebirge auf. Und fallen dann genauso schnell wieder zusammen, sobald man sie aus dem Ofen nimmt. Ein Leben im Zeitraffer. Also ganz schnell servieren!

Popover nennen die Amerikaner so ein explodierendes Ofentraumgebilde. Die Dutch Babies wurden vom Konditor Victor Manca in Manca's Café um 1900 im amerikanischen Seattle erfunden.

VICTOR MANCA EXPERIMENTIERTE MIT DEUTSCHEM PFANNKUCHEN-TEIG UND SCHRAUBTE DIE EIER-MENGE IMMER WEITER NACH OBEN, WAS DIE DUTCH BABIES ZUNEHMEND WOLKIGER MACHTE.

Die Kundschaft war begeistert, bei Mancas waren die Dutch Babies der Renner, der geschäftstüchtige Manca ließ sie sich urheberrechtlich schützen. Wie sie jedoch zu ihrem Namen kamen, ist unklar. Es wird vermutet, dass eine der Manca-Töchter „Deutsch" auf der Speisekarte versehentlich mit „Dutch" übersetzte. Dafür spricht auch, dass die Dutch Babies in den USA bis heute auch unter dem Namen German Pancakes bekannt sind.

Dutch Babies bestehen aus nur vier Zutaten und etwas Zitronenabrieb und Vanillezucker. Und werden am besten zusammen mit der Zitronencreme Lemon Curd vernascht. Die süße Säure des Lemon Curd passt herrlich zu den Dutch Babies, seine gehaltvolle Schwere ergänzt so wunderbar die Luftigkeit dieser goldgelben Wölkchen.

DUTCH BABIES — MIT LEMON CURD

(FÜR 4 PERSONEN)

LEMON CURD:
3 Biozitronen
160 g Zucker
1 Ei
1 Eigelb
60 g Butter

DUTCH BABIES:
Abrieb einer Biozitrone
4 Eier
150 ml Milch
80 g Mehl
1 Prise Salz
1 EL Zucker
1 Pk. Vanillezucker
1 EL Butter

ZUM GARNIEREN:
150 g Blaubeeren (oder andere frische Beeren und Früchte)
Puderzucker zum Bestäuben

LEMON CURD

1. Von den Zitronen die Schale mit einer feinen Küchenreibe sanft abraspeln, mit wenig Druck, nur das Gelbe, nicht das Weiße der Schale. Anschließend Zitronen auspressen.
2. Zitronensaft und -abrieb mit Zucker, Ei und Eigelb in einer Schüssel über einem Wasserbad cremig aufschlagen. Hier lohnt sich Geduld, bitte die Temperatur so nach unten regulieren, dass die Zitronen-Ei-Masse nicht kocht und auch nicht köchelt, das Ei würde sonst stocken. **In etwa 10 Minuten nimmt die Eimasse bei ständigem Rühren, am besten mit einem Teigschaber aus Gummi, die Konsistenz von Pudding an.** Genau dann nimmt man die Schüssel mit der Zitronencreme aus dem Wasserbad und passiert die Creme durch ein Sieb.
3. Weiche Butter in kleine Würfel schneiden und unter die warme Masse rühren, in ein Marmeladenglas füllen. Auskühlen lassen und dann kühl stellen. Der Lemon Curd hält sich im Kühlschrank eine Woche und schmeckt nicht nur auf Dutch Babies, sondern auch als Aufstrich für Brötchen und Croissants.

DUTCH BABIES

1. Ofen auf 220 Grad Umluft vorheizen, eine große Pfanne **(mit feuerfestem Griff – ansonsten geht auch eine Auflaufform!)** in den Ofen stellen. Oder sie wählen vier kleine Gratinförmchen oder -pfännchen.
2. Von der Zitrone die Schale abreiben, wie rechts beim Lemon Curd beschrieben. Zitronenabrieb, Eier, Milch, Mehl, Salz, Zucker und Vanillezucker mit dem Handrührgerät oder im Mixer sehr schaumig aufschlagen. Butter in die Pfanne oder Förmchen in den Ofen geben, warten, bis sie geschmolzen ist, **das geht fix, sie soll nicht bräunen!**
3. Teig hineingeben. In 15–20 Minuten bläht sich der Eierteig zu einer goldenen Wolke auf – genau dann aus dem Ofen nehmen. Mit Lemon Curd, frischen Beeren oder Früchten und Puderzucker anrichten.

MARILLEN-
— KNÖDEL

ES WAR IM JULI vor ein paar Jahren,
in dieser besonderen Landschaft zwischen
Krems und dem uralten Kloster Melk. Ich
war auf einer Reportage über das geheim-
nisvolle Niederösterreich, diese Region, in
der sich paranormale Phänomene häufen
sollen. Am Abend vorher war ich mit
einem Geisterseher und Wünschelruten-
gänger Kraftorte abgegangen, er hatte mir
im Abendlicht Gnome und Waldgeister ge-
zeigt, die ich zwar nicht sehen konnte, die
mir aber trotzdem kalte Schauer über den
Rücken gejagt hatten. Ich fuhr nun zurück,
die düsteren Geschichten immer noch in
meinen Gedanken. Und da tat sich das
liebliche Donautal der Wachau vor mir auf,
als öffnete man in einem dunklen Zimmer
die Vorhänge und die Helligkeit strömt
wieder herein. Der Fluss mäanderte blau in
der Ferne, die Sonne tauchte die Szenerie
in weiches Licht. Und die Hänge waren
voller Aprikosenbäume, Tausende von
ihnen, mit ihrem hellgrünen Blattwerk,
zwischen dem die süßen Marillen, wie
die Österreicher die Aprikosen nennen,
freundlich gelborange hervorblitzten. Ich
erinnerte mich an die Marillenknödel mei-

ner böhmischen Oma, ihre Flaumigkeit, die Zimtzuckerbrösel, die flüssige Butter, in denen die kugelrunden Köstlichkeiten gebadet wurden. An das fruchtige Innere der Knödelchen: die Marille, die am Gaumen in ihrer Süße fast schmolz.

ICH HIELT AN EINEM WIRTSHAUS, SETZTE MICH IN DEN GARTEN UND BESTELLTE DIESES KINDHEITS-GERICHT. DAS PROMPT SERVIERT WURDE UND GENAUSO SCHMECK-TE, WIE ICH ES IN ERINNERUNG HATTE: ABSOLUT WUNDERBAR.

Unsere Marillenknödel wälzen wir für noch mehr Knusprigkeit nicht in Semmelbröseln, sondern in japanischem Panko-Paniermehl. Und nehmen nicht Zimtzucker, sondern statt Zimt geriebene Tonkabohne, die den vanilligen Bittermandelgeschmack des Aprikosenkernes, der in den Früchten wie eine Ahnung liegt, herrlich unterschwellig aufnimmt. Probieren Sie diese Marillenknödel, sie schmecken überirdisch! Aber nicht paranormal.

MARILLEN-
__ KNÖDEL

(FÜR 4 PERSONEN)
60 g Butter (für den Teig) und 100 g für die
Bröselmasse
1 Pk. Vanillezucker
Salz
1 Ei
300 g Magerquark
180 g Mehl
8 kleine Aprikosen
8 Stück Würfelzucker

etwas Marillenlikör, nach Belieben
100 g Pankobrösel (aus dem Asialaden
oder dem Asienregal des Supermarktes)
1–2 Tonkabohnen (Tonkabohnen enthal-
ten Cumarin, das in extrem hohen Dosen
gesundheitsschädlich ist. Als Gewürz ver-
wendet, ist die Tonkabohne gesundheitlich
hingegen vollkommen unbedenklich)
Zucker und Puderzucker nach Belieben

1. Für den Teig 60 g Butter, Vanillezucker und die Prise Salz schaumig rühren, Ei, Quark und Mehl zugeben, gut verrühren, eine halbe Stunde kühl stellen.

2. Aprikosen entkernen, in jede Frucht ein Stück Würfelzucker geben, das vorher nach Belieben **(und wenn keine Kinder mitessen)** in etwas Marillenlikör getränkt worden ist.

3. Einen großen Topf leicht gesalzenes Wasser zum Sieden bringen. Teig in acht Portionen um die Aprikosen zu runden Klößen formen. **Ist der Teig zu weich und zu wenig formbar, kann man etwas Mehl zugeben.** Die Marillenknödel ins siedende Wasser geben und 15 Minuten ziehen lassen.

4. Restliche Butter in einer Pfanne schmelzen, Pankobrösel zugeben, Tonkabohne reiben, zugeben, alles zart anrösten, dann Zucker nach Geschmack zugeben. Die fertig gegarten Knödel in der Bröselmasse wälzen. Zum Servieren noch etwas Brösel auf den Tellern verteilen, eventuell die Knödel noch mit ein wenig mehr flüssiger Butter beträufeln, dann mit Puderzucker bestäuben.

MINI
_ PAVLOVAS

WAS PASST BESSER zur Frühlings-
zartheit als eine Pavlova? Dieses Flirren
zwischen dem außen krossen und innen
weichen Baiser, dazu Sahne und Beeren?
Die Pavlova erinnert an eine Ballerina und
ihr Tutu, an Blütenschnee und überhaupt
an die Leichtigkeit, die das Leben manchmal haben kann.

**DER KLASSIKER GEHT ZURÜCK AUF
EINE AUSTRALIEN-UND-NEUSEE-
LAND-TOUR DER GROSSEN RUSSI-
SCHEN BALLERINA ANNA PAVLOVA,
DIE ENDE DER 1920ER-JAHRE BE-
RÜHMTESTE TÄNZERIN DER WELT.**

Die Baisertorte wurde Anna Pavlova zu Eh-
ren kreiert. Sie gilt in beiden Ländern, so-
wohl in Australien als auch in Neuseeland,
als Nationalgericht. Beide Länder bean-
spruchen die Urheberschaft für die wolki-
ge Torte. In Australien glaubt man an diese
Version, dass der deutschstämmige Herbert
Sachse als Küchenchef vom Hotel Esplana-
de in Perth die Pavlova im Jahr 1935 erfand
– mit den Worten, die Torte sei „leicht wie

die Pavlova". Die neuseeländische Anthropologin Helen Leach hingegen kann belegen, dass die Pavlova-Torte bereits vor 1935 in Neuseeland bekannt war. Und auch das „Oxford English Dictionary" nennt Neuseeland als Ursprungsort der Pavlova.

Wie auch immer: Die pastellige Pavlova erinnert an Bäume, die im Frühling von einem leuchtenden Blühen umhüllt sind. An das Hauchzarte, das Wunderschöne, auch Fragile des Lebens. Wir machen die Pavlova in einer Miniversion. Das bisschen Eiweiß, das nicht einmal die Hälfte einer Tasse füllt, ergibt 12 wunderhübsche kleine Baisertörtchen. Mit minimalem Aufwand, denn das fertige Baiser wird einfach mit Sahne und ein paar Beeren belegt.

Die Pavlova klappt immer, wenn man sich an diese eine Faustregel hält: Den Zucker nach und nach zum Eiweiß zugeben, langsam, in wirklich großen Abständen. Der Zucker muss sich gut mit der Eiweißstruktur verbinden, deswegen nehmen wir Puderzucker, er ist feiner. Wer keinen daheim hat, mahlt normalen Zucker in der Küchenmaschine. Geht genauso, spart Geld – und auch Platz im Vorratsschrank.

MINI
PAVLOVAS
—

(FÜR 12 MINIATURTÖRTCHEN)
2 Eiweiß
100 g Puderzucker
1 TL Essig

½ TL Speisestärke
200 ml Sahne
Zucker, nach Belieben
verschiedene Beeren

1. Ofen auf 150 Grad Ober- und Unterhitze vorheizen, Backblech mit Backpapier auslegen. Eiweiß steif schlagen. Am besten nicht auf höchster Stufe. Nun den Puderzucker löffelweise zugeben, wirklich immer eine Minute warten und weiterrühren, bis man die nächste Zuckerportion zugibt. **Es gibt Rezepte aus Neuseeland, da werden die Intervalle so groß, dass man für das Zugeben des Zuckers 20 Minuten rechnet.** Wir machen Minipavlovas und nehmen daher weniger Eiweiß, deswegen dauert es nicht so lang. Trotzdem muss sich der Zucker vollkommen auflösen. Nach dem letzten Zuckerlöffel Essig und Stärke dazugeben, die vorher klumpenfrei miteinander verrührt worden sind. Danach alles auf der höchsten Stufe des Rührgerätes schlagen, für eine letzte Minute.

2. 12 Baiserkleckse mit dem Löffel oder mit dem Spritzbeutel auf das Backblech geben. **Wer mag, setzt noch kleine Baisertuffs als Deko dazu.** Ofen auf 90 Grad herunterdrehen, das Blech einschieben. Die Pavlovas sind nach 60–70 Minuten fertig. Im ausgeschalteten Ofen auskühlen lassen. Die Baisers beobachten, sie sollen keine Farbe annehmen, eventuell einen Kochlöffelstiel in die Ofentür klemmen.

3. Mit geschlagener Sahne, die man nach Belieben süßt (die Baisers sind durch den Zucker schon ziemlich süß), und Beeren belegen. Wer möchte, püriert und süßt ein paar Erdbeeren und gibt sie als Soße dazu. Vielleicht mit etwas Minze oder Zitronenmelisse oder Blüten verzieren.

QUARK-KLÖSSCHEN — IN MOHN-BUTTER

FRÜHER GAB ES BEI UNS häufig Knödel, überhaupt Mehlspeisen, unsere böhmische Oma kochte für uns Kinder oft süße Mittagessen: Zwetschgenknödel, Marillenknödel, Serviettenknödel, gebackene Knödel, Liwanzen (eine Art flache Knödel) und Quarkknödelchen. Sie wurden mit Zucker, Zimt und Butter gegessen, manchmal auch Mohn, dazu gab es meist ein Kompott aus Zwetschgen, Kirschen oder Stachelbeeren. Am liebsten war uns Kindern aber Erdbeerkompott! Die saftigen Erdbeeren, süß, rot und fröhlich, hatten wir alle gemeinsam gepflückt. „In die Erdbeeren gehen" hieß im Frühsommer unser Lieblingszeitvertreib. Zu siebt fuhren wir – Oma, Opa, Vater und vier Kinder – zur Erdbeerplantage. Dort angekommen, schwor unsere Oma uns Kinder ein. Wir wussten schon, was wir zu tun hatten: so viel zu essen, wie wir nur konnten. Denn bezahlt werden musste nur die Ausbeute, die man mit nach Hause nahm. Die Oma pflückte und pflückte, achtete aber mit Argusaugen darauf, dass wir Kinder genug Erdbeeren aßen. Das war unsere heilige Pflicht.

„ISST'S KINDER, ISST'S! S'IS OIS UMASEINST!", ERMAHNTE SIE UNS. WIR SOLLTEN ESSEN, DENN ES SEI ALLES UMSONST. UND WIR STRENGTEN UNS AN.

Zu Hause sortierte unsere Mutter die Erdbeeren auf Bleche – die schönen für den Kuchen, die leicht angedetschten fürs Erdbeerkompott. Und für die Erdbeermilch, die sie dann für uns alle in der Küchenmaschine mixte! Die Oma schlug währenddessen Sahnegebirge auf. Dann saßen wir zu acht in der Sonne und tranken hellrosa Erdbeermilch mit Sahne. Und aßen am nächsten Tag Quarkklößchen mit Erdbeerkompott.

Wir machen zu den Quarkklößchen neben dem Erdbeerkompott noch eine Mohnbutter. Weil der Mohn so hübsch aussieht auf den hellen Klößchen. Und mit der Butter beim Draufbeißen sein feines, nussiges Aroma verströmt, das so gut zu den Erdbeeren passt!

QUARK-KLÖSSCHEN — IN MOHN-BUTTER

(FÜR 4 PERSONEN)
2 Eier
500 g Magerquark
100 g Zucker
100 g Mehl
130 g Grieß

50 g Semmelbrösel
400 g Erdbeeren, nach Belieben gezuckert
3 EL Mohn
100 g Butter
3 EL brauner Zucker

1. Eier mit Quark und Zucker verrühren. Mehl, Grieß und Semmelbrösel zugeben, rühren. Den Teig 30 Minuten ruhen lassen.

2. Wasser in einem großen Topf zum Kochen bringen, Temperatur herunterschalten, **das Wasser soll nicht sprudelnd kochen.** Aus dem Quarkteig Klößchen formen. Gelingt dies nicht, weil der Teig zu weich ist, noch Semmelbrösel zugeben. Klößchen ins Wasser geben, je nach Größe 5–10 Minuten ziehen lassen. **Kommen die Klößchen an die Oberfläche, mit einem Schaumlöffel aus dem Wasser nehmen.**

3. Erdbeeren in Scheiben schneiden, mit Zucker je nach gewünschtem Süßegrad mischen, ziehen lassen. Eine Hälfte der Erdbeeren kurz aufkochen, zu einer Soße pürieren, die andere Hälfte der Erdbeeren darunterheben.

4. Mohn in einer heißen Pfanne kurz anrösten. Butter zugeben, kurz aufschäumen, dann braunen Zucker einstreuen. Klößchen in der Mohnbutter schwenken. Mit dem Erdbeerkompott anrichten.

HERZHAFTES FÜR DEN HUNGER 15

Albóndigas – spanische Fleischklößchen 16

Modernes Beef Wellington 20

Jim's Jamaican Jerk Chicken 24

Pellkartoffeln mit Sauce gribiche und Roastbeef 28

Königsberger Klopse 32

Krosses Brathähnchen 36

Moink-Balls 40

Münchner Schnitzel 44

Schweinebraten à la moutarde 48

Vietnamesisches Bánh-Mì-Sandwich 52

Chicken Tikka Masala 56

Tiroler Speckknödel mit Pfifferlingsrahm 60

Maischolle mit Speckstippe 64

Maracuja-Ceviche 68

Paella 72

NUDELIGES FÜR DIE NERVEN 77

Spaghetti Carbonara 78

Pasta Ferrari mit Salsiccia 82

Fettuccine Alfredo 86

Pelmeni 90

Kässpätzle 94

GEMÜSE FÜRS GEMÜT 99

Bärlauchsuppe und Thunfischaufstrich 100

Hirten-Taboulé 104

Gnocchisalat mit Tomaten und Radieschen 108

Gado Gado 112

Heston's Triple Cooked Chips 116

Frühlingsfrittata mit Erbsen und frischem Majoran 120

Risotto mit Aprikosen, weißer Schokolade, Gorgonzola und 124

Sommertomatentarte 128

Garten-Focaccia 132

Shakshuka 136

Okonomiyaki – Japanische Pfannkuchen 140

Georgische Khatchapuri 144

SÜSSES FÜR DIE SEELE 149

Perfekte Mousse au Chocolat 150

Lavendel-Pannacotta 154

Brioche mit Zitronengranita 160

Kardamom-Rhabarber-Crumble 162

Dutch Babies mit Lemon Curd 166

Marillenknödel 170

Minipavlovas 174

Quarkklößchen in Mohnbutter 178

Albóndigas – spanische
Fleischklößchen 16

Bánh-Mì-Sandwich,
vietnamesisches 52
Bärlauchsuppe und
Thunfischaufstrich 100
Beef Wellington, Modernes 20
Brathähnchen, Krosses 36
Brioche
mit Zitronengranita 158

Chicken Tikka Masala 56
Crumble, Rhabarber-
Kardamom- 162

Dutch Babies
mit Lemon Curd 166

Fettuccine Alfredo 86
Fleischklößchen, spanische 16
Focaccia, Garten- 132
Frittata, Frühlings- mit Erbsen
und frischem Majoran 120
Frühlingsfrittata mit Erbsen
und frischem Majoran 120

Gado Gado 112
Garten-Focaccia 132
Georgische Khatchapuri 144
Gnocchisalat mit Tomaten
und Radieschen 108

Heston's Triple
Cooked Chips 116
Hirten-Taboulé 104

Jim's Jamaican Jerk Chicken
24

Kardamom-Rhabarber-
Crumble 162
Kässpätzle 94
Khatchapuri, Georgische 144
Königsberger Klopse 32
Krosses Brathähnchen 36

Lavendel-Pannacotta 154
Lemon Curd
mit Dutch Babies 166

Maischolle
mit Speckstippe 64
Maracuja-Ceviche 68
Marillenknödel 170
Minipavlovas 174
Modernes Beef Wellington 20
Mohnbutter,
Quarkklößchen in 178
Moink-Balls 40
Mousse au Chocolat,
Perfekte 150
Münchner Schnitzel 44

Okonomiyaki –
Japanische Pfannkuchen 140

Paella 72
Pannacotta, Lavendel- 154
Pasta Ferrari mit Salsiccia 82
Pavlovas, Mini- 174
Pellkartoffeln mit Sauce
gribiche und Roastbeef 28
Pelmeni 90
Perfekte Mousse
au Chocolat 150
Pfannkuchen, Japanische 140
Pfifferlingsrahm mit Tiroler
Speckknödeln 60

Quarkklößchen
in Mohnbutter 178

Rhabarber-Crumble,
Kardamom- 162
Risotto mit Aprikosen,
Gorgonzola und weißer Schoko-
lade 124
Roastbeef und Pellkartoffeln
mit Sauce gribiche 28

Salsiccia mit Pasta Ferrari 82
Sauce gribiche mit Pellkar-
toffeln und Roastbeef 32
Schnitzel, Münchner 44
Schweinebraten
à la moutarde 48
Shakshuka 136
Sommertomatentarte 128
Spaghetti Carbonara 78
spanische Fleischklößchen –
Albóndigas 16
Speckknödel, Tiroler
mit Pfifferlingsrahm 60
Speckstippe mit Maischolle 64

Taboulé, Hirten- 104
Tarte, Sommertomaten- 128
Thunfischaufstrich
und Bärlauchsuppe 100
Tiroler Speckknödel
mit Pfifferlingsrahm 60
Triple Cooked Chips,
Heston's 116

Vietnamesisches
Bánh-Mì-Sandwich 52

Zitronengranita
mit Brioche 160

IMPRESSUM

© 2020 ZS Verlag GmbH
Kaiserstraße 14 b
D-80801 München

ISBN 978-3-96584-099-7
3. Auflage 2021

Projektleitung: Marc Strittmatter ppp.services, Stella Paschen
Rezepte und Texte: Verena Lugert
Lektorat: Renate Nöldeke
Korrektorat: Cornelia Greiner
Grafisches Konzept und Gestaltung: Studio Gramisci, München
Satz: Marc Strittmatter ppp.services
Fotografie: Helga Lugert
Foodstyling: Helga Lugert
Umschlagfoto vorn: Juan Moyano, Stocksy.com
Autorenfoto hinten: Knut Gärtner
Herstellung: Frank Jansen
Producing: Jan Russok
Druck und Bindung: Eberl & Koesel, Krugzell

Kurze Wege schonen die Umwelt
Dieses Buch wurde in Deutschland gedruckt

Im Buch enthaltene Fotos können zur eigenen Nutzung erworben werden unter
www.stockfood.com

Die ZS Verlag GmbH ist ein Unternehmen der Edel SE & Co. KGaA, Hamburg.
www.zsverlag.de | www.facebook.com/zsverlag

Auf den Geschmack gekommen?

Jakob Strobel y Serra
Geschmackssache

24,99 € [D]
ISBN 978-3-96584-023-2